医療現場の働き方改革（改訂版）

RIC 公益財団法人 労災保険情報センター

はじめに

　働き方改革は、一億総活躍社会の実現に向けた国全体の取り組みであり、企業や働く人々、そして今後の社会全体に関わる重要な課題です。

　この働き方改革を実現する第一歩として、労働時間の管理を的確に行い、長時間労働を是正することが肝要です。しかし、残念ながら、医療機関に従事する方々に対する労務管理が必ずしも的確に行われていない状況も一部にみられます。

　このため、本書では、働き方改革を実現する前提となる労働時間管理の基本的な事項について、労働法令や行政解釈を中心に、解説させていただきました。

　具体的には、

　第1編では、医療機関に従事するすべての方々を念頭に、労働時間、休日、休暇のあり方、産前産後休業、育児・介護休業、健康確保措置についてとりあげました。

　第2編では、他職種と比較しても抜きん出た長時間労働の実態にある医師に焦点を当て、医師に特有の研鑽、宿日直、副業・兼業についてとりあげました。

　さらに、2024年（令和6年）4月1日から医師に適用される時間外労働の上限規制をはじめ、医師の追加的健康確保措置についても記載しました。

　厚生労働省に設置された医師の働き方改革に関する検討会報告書の冒頭に、
　　「医師は、医師である前に一人の人間であり、健康への影響や過労死さえ
　　懸念される現状を変えて、健康で充実して働き続けることのできる社会を
　　目指していくべきである」
との記述があります。

　本書が多忙な医療機関に従事する医師をはじめすべての職種の方々の一助になれば幸いです。

令和6年3月

公益財団法人 労災保険情報センター

目　次

第1編　病院・診療所の労働時間、休日、休暇・・・・・・・・　7

第1章　労働時間、休憩、休日等の原則・・・・・・・・・　8

1　労基法の原則（労基法第1条）・・・・・・・・・・・・　8
2　労働時間（労基法第32条）・・・・・・・・・・・・・　10
3　休憩（労基法第34条）・・・・・・・・・・・・・・・・　12
4　休日（労基法第35条）・・・・・・・・・・・・・・・・　12

第2章　時間外労働、休日労働・・・・・・・・・・・・・　14

1　36協定の締結・届出（労基法第36条第1項・第2項）・・・　14
2　時間外労働の上限規制（労基法第36条第3項・第4項・第6項）・・・・・　16
3　特別条項付き36協定（労基法第36条第5項）・・・・・・　17
4　時間外労働、休日労働及び深夜業に対する割増賃金（労基法第37条）・・・　19
5　非常災害等による臨時の必要のある場合の時間外労働・休日労働
　（労基法第33条）・・・・・・・・・・・・・・・・・・・　20

第3章　変形労働時間制・・・・・・・・・・・・・・・・　21

1　1か月単位の変形労働時間制（労基法第32条の2）・・・・　21
2　1年単位の変形労働時間制（労基法第32条の4）・・・・・　22

第4章　年次有給休暇・・・・・・・・・・・・・・・・・　24

1　年次有給休暇の付与（労基法第39条）・・・・・・・・・　24
2　パートタイム労働者等に対する比例付与・・・・・・・・・　24
3　年次有給休暇の付与に関するルール・・・・・・・・・・・　25
4　計画年休、半日単位・時間単位の付与・・・・・・・・・・　26
5　年5日の年休の取得の義務付け（労基法第39条第7項）・・・　27

第5章　労基法における女性に関する規定・・・・・・・・　28

1　産前産後の休業（労基法第65条）・・・・・・・・・・・　28
2　妊産婦の時間外労働、休日労働及び深夜業等の制限（労基法第66条）・・・　29
3　育児時間（労基法第67条）・・・・・・・・・・・・・・　30
4　生理休暇（労基法第68条）・・・・・・・・・・・・・・　30

第6章　育児・介護を行う労働者に関する規定・・・・・・・・31

1　育児について・・・・・・・・・・・・・・・・・・・・・・・・31
2　介護について・・・・・・・・・・・・・・・・・・・・・・・・37

第7章　健康確保措置・・・・・・・・・・・・・・・・・・41

1　労働衛生管理体制・・・・・・・・・・・・・・・・・・・・・41
2　健康診断の実施（安衛法第66条）・・・・・・・・・・・・・45
3　面接指導の実施（安衛法第66条の8）・・・・・・・・・・・46
4　ストレスチェックの実施（安衛法第66条の10）・・・・・・・47

◇◇

第2編　医師の労働時間管理・・・・・・・・・・・・・49

第1章　医師に対する時間外労働の上限規制等の概要・・・・・50

1　診療を行う医師の時間外・休日労働時間の上限・・・・・・・50
2　特定医師の追加的健康確保措置・・・・・・・・・・・・・・52
3　医師の労働時間短縮等に関する指針・・・・・・・・・・・・52

第2章　医師の研鑽の労働時間の考え方・・・・・・・・・53

1　医師（勤務医）が行う研鑽の労働時間該当性・・・・・・・・54
2　所定労働時間外に医師が行う研鑽の労働時間該当性（具体例）・・・54
3　医師が労働に該当しない研鑽を在院して行う場合の手続等・・・56

第3章　宿日直許可の取扱い・・・・・・・・・・・・・・58

1　医師等の宿日直勤務と労基法の適用・・・・・・・・・・・・58
2　医師等の宿日直許可基準・・・・・・・・・・・・・・・・・59
3　宿日直中に通常の勤務時間と同態様の業務に従事する時間についての許可の取扱い
　・・・・・・・・・・・・・・・・・・・・・・・・・・・・・60
4　宿日直許可の対象とはならない医師等の勤務の態様・・・・・・60
5　宿日直の許可の範囲等・・・・・・・・・・・・・・・・・・60
6　宿日直許可基準を踏まえて各医療機関が取り組むべき課題・・・61
7　宿日直許可申請の実際・・・・・・・・・・・・・・・・・・62
8　事例紹介・・・・・・・・・・・・・・・・・・・・・・・・68

第4章　副業・兼業を行う場合の労働時間管理・・・・・・・・**70**

　1　就業規則の整備・・・・・・・・・・・・・・・・・・・・・・・70
　2　副業・兼業の内容の確認・・・・・・・・・・・・・・・・・・・72
　3　労働時間の管理・・・・・・・・・・・・・・・・・・・・・・・74
　4　労働時間の通算の方法①（原則的な労働時間管理）・・・・・・・75
　5　労働時間の通算の方法②（簡便な労働時間管理）【管理モデル】・・・89
　6　労災保険の給付・・・・・・・・・・・・・・・・・・・・・・・91

第5章　医師の時間外労働の上限規制・・・・・・・・・・**93**

　1　特定医師・・・・・・・・・・・・・・・・・・・・・・・・・・94
　2　A水準の特定医師の時間外労働の上限規制・・・・・・・・・・・95
　3　B水準及び連携B水準の特定医師の時間外労働の上限規制・・・・・97
　4　C－1水準及びC－2水準の特定医師の時間外労働の上限規制・・・・99
　5　B・C水準の特定医師に係る特別条項付き36協定で定める事項・・101
　6　複数の医療機関で就労する場合の時間外・休日労働時間の上限・・102
　7　上限規制の見直し・・・・・・・・・・・・・・・・・・・・・103
　8　医療機関の36協定（「36協定届出様式」記載例と留意事項）・・・・104
　9　医師労働時間短縮計画・・・・・・・・・・・・・・・・・・・136

第6章　特定医師の追加的健康確保措置・・・・・・・・・・**138**

　1　勤務間インターバルと代償休息・・・・・・・・・・・・・・・139
　2　長時間労働医師への面接指導・・・・・・・・・・・・・・・・141

〔参考資料〕

○医師の時間外労働規制について・・・・・・・・・・・・・・・・146
○（A）・（B）の上限水準に極めて近い働き方のイメージ・・・・・147
○医師の労働時間関係法令（令和6年4月施行）の概要・・・・・・・148
○厚生労働省の「医師の働き方改革」関係資料の検索方法・・・・・149

第1編

病院・診療所の
労働時間、休日、休暇

第1編　病院・診療所の労働時間、休日、休暇

　はじめに、病院・診療所に適用される労働基準法（以下「労基法」といいます。）の労働時間等の基準について、説明します。

第1章　労働時間、休憩、休日等の原則

1　労基法の原則（労基法第1条）

> 労基法　➡　労働条件の最低基準を定める法律

（1）労基法は、労働条件の最低基準を定める法律です。（労基法第1条第2項）

ポイント！

　i　労基法では、「使用者は、〜をしてはならない」とか、「使用者は、〜をしなければならない」というように、義務主体を「使用者」としています。
　　この「使用者」とは、「労働者に関する事項について、事業主のために行為をするすべての者をいう」とされています。（労基法第10条）

　ii　労使間で合意して労基法で定める基準に達しない労働条件を定める労働契約を結んでも、その部分は無効となり、労基法で定める基準が労働条件として適用されることになります。（労基法第13条）

　iii　労基法の定めに違反すると、使用者及び事業主に罰則が科せられることがあります。（労基法第117条〜第121条）

（2）労基法では、労働時間、休憩、休日の原則（最低基準）について、次のように定めています。（労基法第32条、第34条、第35条）

労働時間	1週40時間以内（特例対象事業場*は1週44時間以内） 1日8時間以内
休　憩	労働時間が1日6時間を超える場合は少なくとも45分 8時間を超える場合は少なくとも60分
休　日	少なくとも1週1日又は4週4日

　＊「特例対象事業場」とは、常時使用する労働者が10人未満の医療機関です。

i 労基法で定める労働時間や休日を、法定労働時間、法定休日といいます。

各医療機関において、就業規則などで定めている労働時間、休日を、所定労働時間、所定休日といいます。

例えば、就業規則で始業時刻9：00、終業時刻17：00、休憩12：00 ～ 13：00と定めている医療機関で、実際には19:00まで労働させた場合、次のように整理できます。

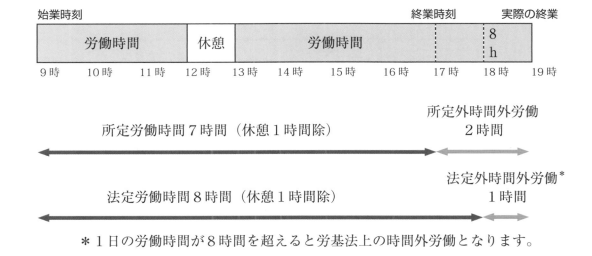

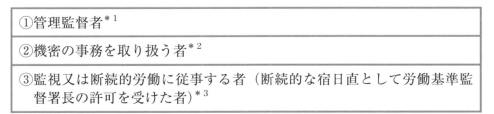

＊1日の労働時間が8時間を超えると労基法上の時間外労働となります。

ii 次の労働者については、上記の労働時間、休憩、休日に関する基準の適用除外とされています。（労基法第41条）

| ①管理監督者＊1 |
| ②機密の事務を取り扱う者＊2 |
| ③監視又は断続的労働に従事する者（断続的な宿日直として労働基準監督署長の許可を受けた者）＊3 |

ただし、①～③に該当する者であっても、深夜業や年次有給休暇に関する規定は適用除外となりません。

＊1 「管理監督者」とは、労働条件の決定その他労務管理について経営者と一体的な立場にある者をいいます。

管理監督者に該当するか否かの判断に当たっての考え方は、部長や課長といった役職名ではなく、実態として、労働時間等の規制の枠を超えて活動することが要請されざるを得ない、重要な職務と責任を有し、現実の勤務態様も、労働時間等の規制になじまないような立場にある者か否か、によって判断されます。

判断に当たって着目する必要がある項目は、次のとおりです。

項　目	内　　　　　容
職務内容	労働時間等に関する規制の枠を超えて活動することが要請されざるを得ないような重要な職務内容であるか
責任・権限	労働時間等に関する規制の枠を超えて活動することが要請されざるを得ないような重要な責任と権限を有しているか
勤務態様	実際に労働時間等の規制になじまないような勤務態様か
待　遇	賃金等について、その地位にふさわしい待遇がなされているか

＊2　「機密の事務を取り扱う者」とは、秘書その他職務が経営者または管理監督の地位にある者の活動と一体不可分であり、厳格な労働時間管理になじまない者をいいます。

＊3　「断続的労働に従事する者」とは、作業自体が断続的に行われ、作業時間が長く継続することなく、作業とその中断が繰り返される労働に従事する者をいいます。

　　　医療機関で行われる宿日直についても、労働基準監督署長の許可を受けていない場合には、労働時間等の規制が適用除外となりません。

　　　詳しくは、第2編第3章を参照してください。

2　労働時間（労基法第32条）

労働時間の原則

➡ 1週40時間以内（特例対象事業場は1週44時間以内）

　　1日8時間以内

　労基法において、労働時間は、1週40時間（特例対象事業場は1週44時間）、1日8時間を超えてはならないとされています。（労基法第32条）

〔ポイント！〕

ⅰ　労働時間とは、使用者の指揮命令下に置かれている時間です。

　　使用者の明示又は黙示の指示により業務に従事する時間は、労働時間に該当します。

　　したがって、待機時間（手待ち時間）や仮眠時間（労働からの解放が保障されていない場合）は、休憩時間ではなく、労働時間となります。

　　また、参加が義務付けられている研修や使用者の指示により業務に必要な学習等を行っていた時間は労働時間となりますが、この点については、第2編第2章を参照し

てください。

　さらに、いわゆるオンコール待機（緊急な呼出しに備えた待機）については、オンコール待機中に実際に呼出しがなされ診療に従事した場合にはその診療時間は労働時間となりますが、オンコール待機中の時間全体が労働時間に該当するかどうかは、オンコール待機中に求められる義務の態様によって判断されます。具体的には、呼出しの頻度、呼び出された際に求められる病院到着の迅速性、呼出しに備えた活動制限の程度等により、オンコール待機時間において労働から離れることが保障されているかどうかによって、個別具体的に判断されることとなります。

ii　労基法の定める労働時間等に関する基準を適切に遵守するため、使用者は、労働時間を適正に把握するなど労働時間を適切に管理する責務があります。

　厚生労働省が示している「労働時間の適正な把握のために使用者が講ずべき措置に関するガイドライン」では、労働時間の適正な把握のために、始業・終業時刻の確認及び記録の方法が次のように示されています。

原　　則 ①又は②	①タイムカード、IC カード、パソコンの使用時間の記録などの客観的な記録による方法
	②使用者が、自ら労働者の始業・終業時刻を現認することにより確認し適正に記録すること
例　　外	原則による方法がとりえない場合には、自己申告による。 　ただし、この場合には、次の措置を講じることが必要。 ア労働者や労働時間の管理者に労働時間の実態を正しく記録し、適正に自己申告するよう十分な説明を行うこと イ自己申告された労働時間が実際の労働時間と合致しているかについて実態調査を行い、必要な補正を行うこと ウ自己申告できる時間外労働時間数の上限を設ける等適正な申告を妨げないこと

iii　労基法でいう「１日」とは、原則として０時から24時までの暦日をいいます。

　ただし、１勤務が24時をまたぐ場合には労働時間は継続してカウントされ、その勤務の始業時刻がある日の労働時間となります。

iv　労働時間は、事業場を異にする場合にも、労基法の労働時間の規定の適用においては通算されることになっています。（労基法第38条）

　これは、異なる事業主に使用される場合も通算されます。医療機関では、他の医療機関で働く場合もみられますが、その通算方法等に関しては、第２編第４章を参照してください。

v　常時使用する労働者が10人未満の医療機関は、特例対象事業場として、法定労働時間が週44時間とされています。

3　休憩（労基法第 34 条）

> **休憩の原則**
>
> ➡️　労働時間が 1 日 6 時間を超える場合　45 分以上
>
> 　　　　　8 時間を超える場合　60 分以上

　労基法において、休憩時間は、労働時間が 1 日 6 時間を超える場合は少なくとも 45 分、8 時間を超える場合は少なくとも 1 時間与えなければならないとされています。（労基法第 34 条）

ポイント！

i　例えば、所定労働時間 7 時間 30 分、休憩時間 45 分としている医療機関において、30 分を超える所定外労働（時間外労働）を行う場合には、15 分以上の休憩時間を追加して与えなければなりません。

ii　休憩時間の与え方のルールとして、次の 2 つが求められます。

①労働時間の途中に与えること
②自由に利用できること

4　休日（労基法第 35 条）

> **休日の原則**　➡️　少なくとも 1 週 1 日又は 4 週 4 日

　労基法において、休日は、少なくとも 1 週 1 日又は 4 週 4 日与えなければならないとされています。（労基法第 35 条）

ポイント！

i　法定休日は、暦日単位（0 時から 24 時まで）が原則です。
　　例えば、前日の労働日の勤務が 24 時を超えて、休日とされていた翌日に及んだ場合は、当該翌日は休日とはなりません。

ii　週休 2 日制の場合は、どちらか 1 日の休日に労働させても 1 週 1 日の休日は確保されるので、法定の休日労働とはなりません（就業規則等で法定休日と特定している場

合や当該休日に労働させた場合は、法定の休日労働となります。)。

iii　休日をあらかじめ他の日と振り替えて労働日とする場合、その週に他の休日が確保されていれば、休日労働等の問題は生じませんが、振り替えて労働させた結果、その週の労働時間が週40時間の原則を超えた場合は、その部分は時間外労働となるので、注意が必要です。

iv　休日労働を行わせた後に代休を付与したとしても、当該休日労働の事実はなくなりませんので、36協定の締結・届出や割増賃金の支払が必要です。

第2章　時間外労働、休日労働

1　36協定の締結・届出（労基法第36条第1項・第2項）

時間外労働・休日労働　　➡　　36協定の締結・届出が必要

　　法定労働時間を超えて又は法定休日に労働させる場合には、使用者と労働者代表との間で労使協定（「36（さぶろく）協定」）を締結し、労働基準監督署長に届け出る必要があります。（労基法第36条）

ポイント！

i　法人単位ではなく、事業場単位（病院や診療所ごと）で締結します。

ii　それぞれの病院・診療所において、労働者の過半数で組織する労働組合があるときはその労働組合、そのような労働組合がない場合には労働者の過半数を代表する者と締結します。

iii　労働者の過半数代表者については、次の点に留意する必要があります。

①管理監督者でないこと
②36協定を締結する代表者を選出することを明らかにした上で、投票、挙手等の方法で選出すること （使用者が指名することや、その意向に基づき選出すること、職員親睦会の代表が自動的に選出されるとすることは不適切とされます。）
③過半数代表者であること又は過半数代表者になろうとしたことを理由として、不利益な取扱いをしないこと

iv　36協定を締結しても、労働基準監督署長に届出をしなければ、時間外労働・休日労働はできません。

v　時間外労働・休日労働を行わせるには、36協定の締結・届出だけでなく、就業規則や労働契約書などで時間外労働・休日労働を行わせることがある旨定めておくことが必要です。

vi　36協定で協定すべき事項及び届出様式について、次のとおり定められています。
　　なお、特定医師に係る36協定については、第2編第5章を参照してください。

36協定の種類	協　定　事　項	届出様式
◇通常の36協定 ↓ 次頁の「2　時間外労働の上限規制」に示す原則の限度時間内で時間外労働・休日労働を行わせる場合	①労働時間を延長し、又は休日に労働させることができる場合 ②対象とする労働者の範囲 ③対象期間（1年間） ④1年の起算日 ⑤協定の有効期間 ⑥対象期間における1日、1か月、1年のそれぞれについて法定労働時間を延長することができる時間（月45時間・年360時間以内）又は労働させることができる休日の日数とその始業・終業の時刻 ⑦時間外労働と休日労働の合計時間が月100時間未満かつ2～6月平均80時間以内を満たすこと	第9号
◇特別条項付き 36協定 ↓ 臨時的な特別の事情があり、次頁の「2　時間外労働の上限規制」に示す原則の限度時間を超えて時間外労働労働を行わせる必要がある場合	（通常の36協定の①～⑦に加え） ⑧限度時間を超えて労働させることができる場合 ⑨限度時間を超えて労働させる場合の 　ア1か月の時間外労働時間数と休日労働時間数との合計時間数（100時間未満） 　イ1年の時間外労働時間数（720時間以内） ⑩限度時間を超えて労働させることができる月数（年6回以内） ⑪限度時間を超えて労働させる労働者に対する健康・福祉確保措置 ⑫限度時間を超えた労働に対する割増賃金率 ⑬限度時間を超えて労働させる場合の手続	第9号の2

　　様式第9号・第9号の2の記載例及び留意事項は、127～135頁を参照してください。

vii　36協定の届出様式には、限度時間の遵守について労使で合意したことを確認するチェックボックスがあります。これにチェックがない場合は有効な協定届とはなりませんので、注意が必要です。

2　時間外労働の上限規制（労基法第36条第3項・第4項・第6項）

時間外労働には上限がある

（1）法定労働時間を超える時間外労働には、次の限度時間が設けられています。36協定で定める延長することができる時間数は、この限度時間を超えない範囲とすることが必要です。

　　なお、特定医師に係る時間外労働の上限規制については、第2編第5章を参照してください。

①原則の限度時間	月45時間以内* 年360時間以内*
②臨時的な特別の事情がある場合の限度時間（特別条項付き36協定を締結・届出した場合）	月100時間未満かつ2～6か月平均80時間以内（時間外労働と休日労働の合計時間） 年720時間以内 月単位の限度時間（45時間）を超えることができるのは1年で6か月以内

　　＊対象期間が3か月を超える1年単位の変形労働時間制（第1編第3章2参照）を採用する場合は、月42時間以内、年320時間以内となります。

　　☆「未満」（その数字を含まない）、「以内」（その数字を含む）に注意が必要です。

（2）実際の時間外労働と休日労働の合計時間については、特別条項の有無にかかわらず、次の上限を遵守することが必要です。

> 月100時間未満、かつ、2～6か月平均80時間以内
> 　（2か月平均、3か月平均、4か月平均、5か月平均、6か月平均のいずれもが80時間以内となることが必要）

（例1）

　　通常の36協定を締結・届出した場合に、時間外労働が月45時間で原則の限度時間内であっても、当月に休日労働の時間が55時間あると、合計100時間となり、法違反となります。

　時間外労働時間　月45時間　＋　休日労働　月55時間　＝　月100時間

法違反

（例2）

　特別条項付き36協定を締結・届出した場合に、時間外労働と休日労働の合計時間が4月85時間、5月70時間、6月90時間の場合、4月と5月の平均が77.5時間、5月と6月の平均が80時間であり、2か月平均では上限を超えませんが、4月から6月の3か月平均は81.67時間となり、法違反となります。

$$\boxed{4月85時間} + \boxed{5月70時間} + \boxed{6月90時間} = \boxed{3か月平均81.67時間}$$

法違反

　以上の上限規制のイメージを図示すると次のようになります。（厚生労働省HPより）

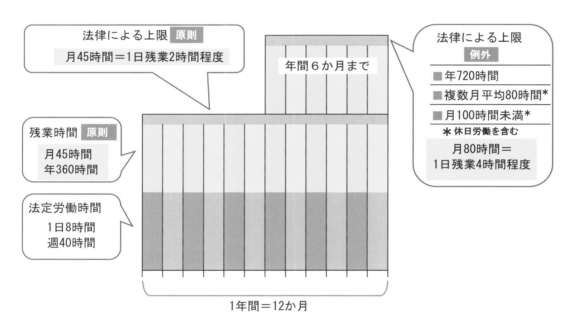

3　特別条項付き36協定（労基法第36条第5項）

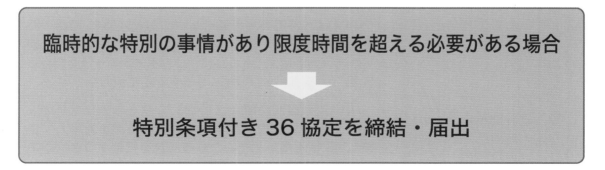

臨時的な特別の事情があり限度時間を超える必要がある場合

特別条項付き36協定を締結・届出

　臨時的な特別の事情がある場合には、特別条項付き36協定を締結・届出することによって、原則の限度時間を超えて時間外労働を行わせることができます。

特別条項付き36協定については、次の点に留意する必要があります。

協定の締結時	①上記2②の臨時的な特別の事情がある場合の限度時間の範囲内で協定すること	次の範囲内で協定する必要があります。 ア 月100時間未満（時間外労働時間と休日労働時間の合計） イ 年720時間以内 ウ 月単位の限度時間（45時間）超えは年6か月以内
	②「臨時的な特別の事情がある場合」に限られること	「臨時的な特別の事情がある場合」とは、全体として1年の半分を超えない一定の限られた時期において一時的・突発的に業務量が増える状況等により限度時間を超えて労働させる必要がある場合をいうものです。 　36協定においてできるだけ具体的に定めなければならず、単に、「業務の都合上必要なとき」とか「業務繁忙なとき」とするのは適切ではありません。
	③健康・福祉確保措置を確保すること	限度時間を超えて労働させる場合、労働者の健康・福祉確保措置が必要ですが、次の中から協定することが望ましいとされています。 ア 医師による面接指導 イ 深夜業の回数の制限 ウ 勤務間インターバル（終業から始業までの休息時間の確保）の導入 エ 代償休日・特別な休暇の付与 オ 健康診断 カ 連続休暇の取得 キ 心とからだの相談窓口の設置 ク 配置転換 ケ 産業医等による助言・指導、保健指導
実際の時間管理	①休日労働の時間も含めて管理すること	月100時間未満、2〜6か月の平均80時間以内の限度時間については、休日労働の時間も含まれます。
	②複数月の平均を把握すること	複数月の平均で限度時間を超えないよう、毎月、時間外労働・休日労働の時間数を確認し、それまでの各複数月の平均と、翌月に最大可能な時間数を計算し、限度時間を超えないよう管理していくことが必要です。 　例えば、特別条項を適用して、ある月に85時間の時間外労働を行った場合、次月は75時間以内とする必要があります。逆に、ある月に75時間の時間外労働を行った場合、次月は85時間以内とする必要があります。
	③特別条項を適用し45時間超えとなった月の回数を把握すること	月単位の限度時間（45時間）を超えるのは1年で6か月以内とされていますので、特別条項を適用して実際に45時間超えとなった月の回数を把握する必要があります。

4　時間外労働、休日労働及び深夜業に対する割増賃金（労基法第37条）

> ## 時間外労働、休日労働を行わせた　━━▶　割増賃金を支払う

　時間外労働、休日労働を行わせた場合には、割増賃金を支払わなければなりません。
　また、労働時間が深夜業（午後10時から午前5時まで）となった場合も、割増賃金を支払わなければなりません。
　割増賃金の計算方法は次のとおりです。

割増賃金＝1時間当たりの賃金額× 割増率 ×時間外労働等の時間数

時間外労働	25％以上（月60時間を超えた部分は50％以上）
休日労働	35％以上
深夜業	25％以上
時間外労働＋深夜業	25％＋25％＝50％以上 （月60時間を超えた部分は50％＋25％＝75％以上）
休日労働＋深夜業	35％＋25％＝60％以上

＜割増賃金の計算例＞

```
設定　所定労働時間　8時間
　　　1か月平均の所定労働日数　20日
　　　賃金（月額）　基本給　　35万円
　　　　　　　　　　職務手当　5万円
　　　　　　　　　　通勤手当　1万円
　　　　　　　　　　家族手当　1万円
　　　時間外労働　20時間、うち深夜業3時間
　　　休日労働　1日（10時間）、うち深夜業2時間
```

1時間当たりの賃金額
　（基本給350,000円＋職務手当*50,000円）÷（8時間×20日）＝ 2,500円
　　　＊通勤手当、家族手当は含めません。

A　深夜業を除く時間外労働部分　　　2,500円×1.25 ×17時間＝ 53,125円
B　時間外労働で深夜業部分　　　　　2,500円×1.5　×3時間＝ 11,250円
C　深夜業を除く休日労働部分　　　　2,500円×1.35 ×8時間＝ 27,000円
D　休日労働で深夜業部分　　　　　　2,500円×1.6　×2時間＝ 8,000円

この月の割増賃金額　A53,125円＋B11,250円＋C27,000円＋D8,000円＝ 99,375円

5　非常災害等による臨時の必要のある場合の時間外労働・休日労働（労基法第33条）

> # 非常災害等による臨時の必要がある場合
>
> ⬇
>
> # 36協定と別枠で時間外労働・休日労働を行わせることができる

　時間外労働・休日労働は、36協定による場合のほか、非常災害等による臨時の必要がある場合にも行わせることができます。

　この場合には、事前に労働基準監督署長の許可を得るか、その時間的余裕のない場合には事後に労働基準監督署長に届け出る必要があります。

（ ポイント！ ）

i　単なる業務の繁忙その他これに準ずる経営上の必要は認められません。

ii　地震、津波、風水害、雪害、爆発、火災等の災害への対応（差し迫った恐れがある場合における事前の対応を含む。）、急病への対応その他の人命又は公益を保護するための必要は認められます。

　この場合、他の事業場からの協力要請に対し、人命又は公益の確保のためにこれに応じる場合も、認められます。

　ただし、医師の勤務が、一律にこの対象となるわけではなく、厚生労働省から示された許可基準に照らしながら、個別に検討されます。

iii　36協定で定めた延長時間や時間外労働の上限（月100時間未満、2～6か月平均80時間以内）にかかわらず、時間外労働・休日労働を行わせることが可能となります。

　ただし、この場合も、労基法所定の割増賃金を支払う必要があり、また、週当たり40時間を超える労働時間が月80時間を超えた場合には、上記の医師による面接指導を実施することが必要となります。

第3章　変形労働時間制

変形労働時間制の採用

➡　特定の日・週に法定労働時間を超えて労働させることができる

変形労働時間制は、労使協定又は就業規則等において定めることにより、1か月や1年などの一定期間を平均し、1週間当たりの労働時間が法定の労働時間を超えない範囲内において、特定の日又は週に法定労働時間を超えて労働させることができる制度です。

労基法で定められている変形労働時間制には、1か月単位の変形労働時間制、1年単位の変形労働時間制、1週間単位の非定型的変形労働時間制、さらにはフレックスタイム制がありますが、ここでは、医療機関において用いられることの多い、1か月単位の変形労働時間制と1年単位の変形労働時間制について説明します。

1　1か月単位の変形労働時間制（労基法第32条の2）

1か月以内の一定の期間を平均して、1週間の労働時間が40時間（10人未満の医療機関は44時間）以内であるときは、あらかじめ特定した日または週に、法定労働時間を超えて労働させることができるというものです。

1か月単位の変形労働時間制を採用するには、就業規則などにその旨の規定を設けるか、労使協定を締結し労働基準監督署長に届け出ることが必要です。

ポイント！

i　就業規則や労使協定に、あらかじめ、各日・各週の所定労働時間を定めておくことが必要です。

対象者に対しては、毎月末までに、シフト表等により休日や各労働日の労働時間を周知しておくことが望まれます。

ii　変形期間における法定労働時間の総枠は、次により算出されます。

40時間（特例対象事業場は44時間）×変形期間の暦日数／7

具体的には、変形期間が1か月である場合は、次表のとおりです。

週の法定労働時間	月の暦日数			
	31日	30日	29日	28日
40時間	177.1時間	171.4時間	165.7時間	160.0時間
44時間	194.8時間	188.5時間	182.2時間	176.0時間

就業規則や労使協定で定める1か月の所定労働時間のトータルは、この法定労働時間の総枠の範囲内とすることが必要となります。

iii　1か月単位の変形労働時間制を採用した場合の時間外労働となる時間の考え方は、次のとおりです。

1日について	あらかじめ就業規則や労使協定で8時間を超える時間を定めた日についてはその時間、これ以外の日は8時間を超えて労働した時間
1週について	あらかじめ就業規則や労使協定で40時間（特例対象事業場は44時間）を超える時間を定めた週についてはその時間、これ以外の週は40時間（特例対象事業場は44時間）を超えて労働した時間（1日について時間外労働となる時間を除く。）
変形期間について	変形期間における法定労働時間の総枠を超えて労働した時間（1日について又は1週について時間外労働となる時間を除く。）

2　1年単位の変形労働時間制（労基法第32条の4）

　1年以内の一定の期間を平均して、1週間の労働時間が40時間（10人未満の医療機関について44時間とする特例措置はありません。）以内であるときは、あらかじめ特定した日または週に、法定労働時間を超えて労働させることができるというものです。

　1年単位の変形労働時間制を採用するには、就業規則などにその旨の規定を設け、労使協定を締結し労働基準監督署長に届け出ることが必要です。

ポイント！

i　労使協定に、あらかじめ、各日、各週の所定労働時間を定めておくことが必要です。

　ただし、1か月以上の期間ごとに対象期間を区分した場合は、最初の期間を除いて、その後の各期間の30日前までに、労働日と労働日ごとの労働時間を、労働者代表の同意を得て、書面により通知することができます。

ii　変形期間が1年である場合の法定労働時間の総枠は、次のとおりとなります。

40時間×365日（うるう年366日）／7＝2085.7時間（うるう年2091.4時間）

　就業規則や労使協定で定める1年の所定労働時間のトータルは、この法定労働時間の総枠の範囲内とすることが必要となります。

iii　1年単位の変形労働時間制を採用した場合の時間外労働となる時間の考え方は、1か月単位の変形労働時間制の場合と同様ですが、1週については、特例対象事業場でも40時間となることに注意が必要です。

iv　1年単位の変形労働時間制では、さらに次の要件を満たすことが必要です。

1日の所定労働時間の限度	10時間まで
1週の所定労働時間の限度	52時間まで
労働日数の限度	
①対象期間が1年の場合	280日以内
②対象期間が3か月を超え1年未満の場合	280日×対象期間の歴日数/365日
対象期間が3か月を超える場合	
①所定労働時間が48時間を超える週が連続する回数	3回以下
②対象期間を3か月ごとに区分した各区分の労働時間が48時間を超える週の初日の数	3日以内
連続労働日数	6日まで （特定期間（特に繁忙な期間）を設けた場合は、当該期間中は12日まで）

第4章　年次有給休暇

6か月間継続勤務、出勤率8割以上

➡ 10日の有給休暇

以降1年ごとに1日ずつ、3年6か月目以降は

2日ずつ日数増加（最高20日）

1　年次有給休暇の付与（労基法第39条）

使用者は、労働者が

① 　6か月間継続勤務し、

② 　その6か月間の全労働日の8割以上を出勤した場合は、

10日（継続または分割）の有給休暇を与えなければなりません。

　6か月の継続勤務以降は、継続勤務1年ごとに1日ずつ、継続勤務3年6か月以降は2日ずつを増加した日数（最高20日）を与えなければなりません。

　継続勤務年数ごとの年次有給休暇の付与日数は、次表のとおりです。

＜原則の付与日数＞

勤務年数	0.5年	1.5年	2.5年	3.5年	4.5年	5.5年	6.5年以上
付与日数	10日	11日	12日	14日	16日	18日	20日

2　パートタイム労働者等に対する比例付与

　パートタイム労働者など所定労働日数が少ない労働者については、年次有給休暇の日数は所定労働日数に応じて、比例付与しなければなりません。

　この対象となるのは、所定労働時間が週30時間未満で、かつ、週所定労働日数が4日以下又は年間の所定労働日数が216日以下の労働者です。

所定労働日数、継続勤務年数ごとの付与日数は、次表のとおりです。

＜パートタイム労働者等の年休の付与日数＞

週の所定労働日数	1年間の所定労働日数	勤務年数・付与日数						
		0.5 年	1.5 年	2.5 年	3.5 年	4.5 年	5.5 年	6.5 年以上
4 日	169 日 ～ 216 日	7 日	8 日	9 日	10 日	12 日	13 日	15 日
3 日	121 日 ～ 168 日	5 日	6 日	6 日	8 日	9 日	10 日	11 日
2 日	73 日 ～ 120 日	3 日	4 日	4 日	5 日	6 日	6 日	7 日
1 日	48 日 ～ 72 日	1 日	2 日	2 日	2 日	3 日	3 日	3 日

3 年次有給休暇の付与に関するルール

年次有給休暇の取扱いに関しては、次の点に留意する必要があります。

事　項	内　容
①年次有給休暇を与えるタイミング（労基法第39条第5項）	年次有給休暇は、労働者が請求する時季に与えなければなりません。 　年次有給休暇をどのような目的で使用するかは、労働者の自由です。 　ただし、労働者から請求された時季に年次有給休暇を与えることが、事業の正常な運営を妨げる場合には、他の時季に変更することができます。(時季変更権といいます。)
②出勤率の算定（労基法第39条第10項）	全労働日の8割以上の出勤の算定の考え方は次のとおりです。 　8割≦出勤率＝出勤日÷労働日 出勤日とは (1)現実に出勤した日（遅刻・早退した日を含む。） (2)出勤したものと取り扱う日 　ア業務上の傷病による休業した期間 　イ産前産後の休業期間 　ウ育児・介護休業期間 　エ年次有給休暇取得日 労働日とは (1)所定労働日（就業規則等で定める労働日） (2)労働日とは取り扱わない日 　ア休日労働した日 　イ使用者の責に帰すべき事由による休業日 　ウ不可抗力による休業日 　エ正当なストライキやロックアウト中の期間

③年次有給休暇取得日の賃金 （労基法第39条第9項）	年次有給休暇を取得した日は賃金を支払う必要がありますが、次の3通りの支払い方法があります。 ⑴通常の賃金 ⑵平均賃金（労基法第12条） ⑶健康保険法の標準報酬日額（労使協定の締結が必要）
④年次有給休暇管理簿の作成・保存 （労基法施行規則第24条の7）	年次有給休暇を与えた時季、日数、基準日を、労働者ごとに記載した管理簿を作成し、付与した期間中及びその後3年間保存しておくことが必要です。
⑤年次有給休暇の繰越し （労基法第115条）	年次有給休暇の請求権の時効は2年であり、前年（度）に取得されなかった年次有給休暇は翌年（度）に繰り越されます。
⑥不利益取扱いの禁止 （労基法第136条）	使用者は、年次有給休暇を取得した労働者に対して、賃金の減額その他不利益な取扱いをしないようにしなければなりません。（例えば、精皆勤手当や賞与の額の算定などに際して、年次有給休暇を取得した日を欠勤に準じて取り扱うなど。）

4　計画年休、半日単位・時間単位の付与

　年次有給休暇は、計画的に取得させ、又は半日単位、時間単位で与えることができる場合があります。

種　類	内　　容	労使協定締結
計画年休 （労基法第39条第6項）	計画的に取得日を定めて年次有給休暇を与えることが可能。ただし、労働者が自ら請求・取得できる年次有給休暇を最低5日残す必要。	必要*
半日単位年休	労働者が半日単位での取得を希望して時季を指定し、使用者が同意した場合には、半日単位で年次有給休暇を与えることが可能。	不要
時間単位年休 （労基法第39条第4項）	労働者が時間単位での取得を請求した場合には、年に5日を限度として、時間単位で年次有給休暇を与えることが可能。	必要*

＊これらの労使協定は、労働基準監督署長への届出は不要です。

5 年5日の年休の取得の義務付け（労基法第39条第7項）

年次有給休暇の日数が10日以上である労働者について、基準日*から1年以内の期間に5日、労働者ごとにその時季を指定して与えなければなりません。

＊「基準日」とは、雇入れ日から6か月経過日、あるいはそれ以前に医療機関において統一的に付与することとした日

＜2023年4月1日雇入れの例＞

4月1日入社 　　　　10日付与：10月1日

2023年 4/1	10/1	2024年 4/1	10/1

10/1からの1年間に5日取得させなければなりません。

ポイント！

i 使用者による時季指定の方法としては、例えば、年度当初に労働者の意見を聴いた上で年次有給休暇取得計画表を作成し、これに基づき年次有給休暇を付与すること等が考えられます。

ii 既に5日以上の年次有給休暇を取得している労働者には使用者による時季指定をする必要はありません。また、例えば、時季を指定する前に既に2日取得している労働者には、3日の時季指定をして、取得させる必要があります。

＜10日の年次有給休暇を有する労働者の例＞

○：年次有給休暇　●：使用者の時季指定による年休　◎：労働者が取得済

10日の年休付与　　　　　　○○○○○○○○○○

うち5日を時季指定　　　　●●●●●○○○○○→5日を残す

うち2日を労働者が取得済　◎◎●●●○○○○○→3日の時季指定でよい

iii 管理監督者（第1編第1章1参照）に対しても、5日以上の年休付与が必要です。

第5章　労基法における女性に関する規定

> # 労基法における女性の労働時間等の規定
>
> ① 産前産後の休業
>
> ② 妊産婦の時間外労働、休日労働及び深夜業の制限
>
> ③ 育児時間
>
> ④ 生理休暇

労基法では、次のとおり、妊産婦等について労働時間等に関する規定があります。

1　産前産後の休業（労基法第 65 条）

＊多胎妊娠の場合は 14 週間です。

ポイント！

i　産前休業は、労働者の請求があった場合ですが、産後休業については、労働者の請求がなくとも就業させてはならないことに注意が必要です。

ii　出産当日は、産前に含まれます。

iii　産前産後休業の間の賃金は、労基法上は有給にすることが義務付けられていませんので、就業規則などで定めるところによることとなります。

iv　産前産後休業の請求をしたこと又は休業したことを理由として解雇その他不利益取り扱いをしてはなりません。後述の妊産婦の時間外労働、休日労働及び深夜業等の制限、育児時間に関しても同様です。（男女雇用機会均等法第 9 条）

2　妊産婦の時間外労働、休日労働及び深夜業等の制限（労基法第 66 条）

妊産婦	妊娠中の女性
	産後 1 年を経過していない女性

↓

労働者が請求した場合は

↓

①時間外労働、休日労働を行わせてはなりません
②深夜業に就かせてはなりません
③1 か月単位及び 1 年単位の変形労働時間制が採られている場合であっても法定 　労働時間を超えて労働させることはできません

ポイント！

i　労基法では、満 18 歳以上の女性の時間外労働、休日労働、深夜業を一般に制限する規定はありませんが、妊産婦が請求した場合は、原則の法定労働時間を超えて、又は法定の休日に労働させることはできず、また深夜業にも就かせてはなりません。

ii　上記①の時間外労働、休日労働の制限は、非常災害等による場合（第 1 編第 2 章 5 参照）においても適用されます。

iii　管理監督者である妊産婦については、労基法の労働時間等の規定が適用除外されますので、時間外労働、休日労働、変形労働時間制の制限は適用されませんが、深夜業については適用除外となりませんので、本人の請求により就業が禁止されます。

3 育児時間（労基法第67条）

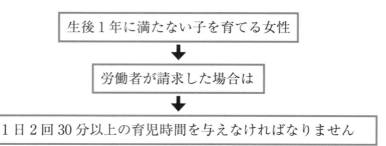

生後1年に満たない子を育てる女性

↓

労働者が請求した場合は

↓

1日2回30分以上の育児時間を与えなければなりません

ポイント！

i 育児時間は、勤務の途中に限らず、勤務時間の始めや終わりに請求することもできます。

ii 育児時間の間の賃金は、労基法上は有給にすることが義務付けられていませんので、就業規則などで定めるところによることとなります。

4 生理休暇（労基法第68条）

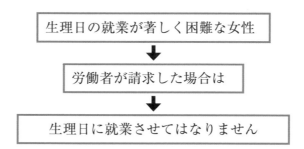

生理日の就業が著しく困難な女性

↓

労働者が請求した場合は

↓

生理日に就業させてはなりません

ポイント！

i 半日単位または時間単位で請求した場合には、その範囲で就業させてはなりません。

ii 生理休暇の間の賃金は、労基法上は有給にすることが義務付けられていませんので、就業規則などで定めるところによることとなります。

第6章　育児・介護を行う労働者に関する規定

育児・介護休業法における労働時間等の規定

（1）　育児関係	（2）　介護関係
①　育児休業・出生時育児休業	①　介護休業
②　所定労働時間の短縮等	②　所定労働時間の短縮等
③　所定外労働の制限	③　所定外労働の制限
④　時間外労働の制限	④　時間外労働の制限
⑤　深夜業の制限	⑤　深夜業の制限
⑥　子の看護休暇	⑥　介護休暇

　労基法のほか、育児・介護休業法において、次のとおり、子の養育を行う、又は要介護状態にある家族を介護する労働者についての、労働時間等に関する定めがあります。

　また、これらの育児・介護休業や時間外労働の制限などの申出・請求をしたこと、又は休業・休暇を取得し、時間外労働等の制限を受けたことを理由として、不利益な取扱い（解雇、退職強要、降格、減給、不利益な人事評価、不利益な配置転換など）をしてはなりません。

1　育児について

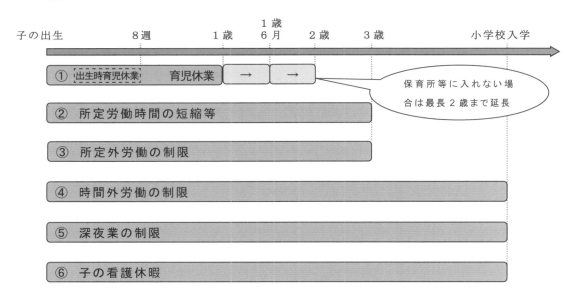

以下に、厚生労働省ＨＰに示されている制度の概要（一部）を示します。詳細については厚生労働省ＨＰを確認してください。

＜育児休業（育児・介護休業法第５条～第９条）＞

項　目	内　容
休業の定義	○労働者が原則としてその１歳に満たない子を養育するためにする休業
対象労働者	○労働者（日々雇用を除く） ○有期契約労働者は、申出時点において、次の要件を満たすことが必要 　・子が１歳６か月（２歳までの休業の場合は２歳）を経過する日までに労働契約期間が満了し、更新されないことが明らかでないこと ○労使協定で対象外にできる労働者 　・雇用された期間が１年未満の労働者 　・１年（１歳以降の休業の場合は、６か月）以内に雇用関係が終了する労働者 　・週の所定労働日数が２日以下の労働者
対象となる家族の範囲	○子
回数	○子１人につき、原則として２回 ○以下の事情が生じた場合には、再度の育児休業取得が可能 　①新たな産前産後休業、出生時育児休業、育児休業又は介護休業の開始により育児休業が終了した場合で当該休業に係る子又は家族が死亡等した場合 　②配偶者が死亡した場合又は負傷、疾病、障害により子の養育が困難となった場合 　③離婚等により配偶者が子と同居しないこととなった場合 　④子が負傷、疾病、障害により２週間以上にわたり世話を必要とする場合 　⑤保育所等入所を希望しているが、入所できない場合 ○１歳以降の休業について上記①の事情が生じた場合に限り、１歳６か月又は２歳までの育児休業も再度の取得が可能
期間	○原則として子が１歳に達するまでの連続した期間 ○ただし、配偶者が育児休業をしているなどの場合は、子が１歳２か月に達するまで出産日、産後休業期間、育児休業期間、出生時育児休業期間を合計して１年間以内の休業が可能

期間（延長する場合）	○1歳6か月までの育児休業は、次の要件（②ウに該当する場合は②のみ）に該当する場合に取得可能 ①子が1歳に達する日においていずれかの親が育児休業中であること ②次の特別な事情があること 　ア 保育所等への入所を希望しているが、入所できない場合 　イ 子の養育を行っている配偶者（もう一人の親）であって、1歳以降子を養育する予定であったものが死亡、負傷、疾病等により子を養育することが困難になった場合 　ウ 新たな産前・産後休業、出生時育児休業、育児休業又は介護休業の開始により育児休業が終了した場合で当該休業に係る子又は家族が死亡等した場合 ③1歳6か月までの育児休業を取得したことがないこと ＊同様の条件で1歳6か月から2歳までの延長可
手続	○書面等で事業主に申出 　・事業主は、証明書類の提出を求めることができる 　・事業主は、育児休業の開始予定日及び終了予定日等を、書面等で労働者に通知 ○申出期間（事業主による休業開始日の繰下げ可能期間）は1か月前まで（ただし、出産予定日前に子が出生したこと等の事由が生じた場合は、1週間前まで） 　1歳以降の休業の申出は2週間前まで ○出産予定日前に子が出生したこと等の事由が生じた場合は、1回に限り開始予定日の繰上げ可 ○1か月前までに申し出ることにより、子が1歳に達するまでの期間内で1回に限り終了予定日の繰下げ可 　1歳以降の休業をしている場合は、2週間前の日までに申し出ることにより、子が1歳6か月（又は2歳）に達するまでの期間内で1回に限り終了予定日の繰下げ可 ○休業開始予定日の前日までに申し出ることにより、撤回可 ○1歳までの育児休業は撤回1回につき1回休業したものとみなす。1歳以降の育児休業は各1回撤回可、撤回後の再度の申出は原則不可

＜出生時育児休業（同法第９条の２～第９条の５）＞

項　目	内　容
休業の定義	○産後休業をしていない労働者が原則として出生後８週間以内の子を養育するためにする休業
対象労働者	○産後休業をしていない労働者（日々雇用を除く） ○有期雇用労働者は、申出時点において、次の要件を満たすことが必要 　・子の出生日又は出産予定日のいずれか遅い方から起算して８週間を経過する日の翌日から６か月を経過する日までに労働契約期間が満了し、更新されないことが明らかでないこと ○労使協定で対象外にできる労働者 　・雇用された期間が１年未満の労働者 　・８週間以内に雇用関係が終了する労働者 　・週の所定労働日数が２日以下の労働者
対象となる家族の範囲	○子
回数	○子１人につき、２回（２回に分割する場合はまとめて申出）
期間	○原則として子の出生後８週間以内の期間内で通算４週間（28日）まで
手続	○書面等で事業主に申出 　・事業主は、証明書類の提出を求めることができる 　・事業主は、産後パパ育休の開始予定日及び終了予定日等を、書面等で労働者に通知 ○申出期間（事業主による休業開始日の繰下げ可能期間）は２週間前（労使協定を締結している場合は２週間超から１か月以内で労使協定で定める期限）まで（ただし、出産予定日前に子が出生したこと等の事由が生じた場合は、１週間前まで） ○出産予定日前に子が出生したこと等の事由が生じた場合は、休業１回につき１回に限り開始予定日の繰上げ可 ○２週間前までに申し出ることにより、子の出生後８週間以内の期間内で通算４週間（28日）の範囲内で休業１回につき１回に限り終了予定日の繰下げ可 ○休業開始予定日の前日までに申し出ることにより、撤回可 　撤回１回につき１回休業したものとみなす 　２回撤回した場合等、再度の申出は不可
休業中の就業	○休業中に就業させることができる労働者を労使協定で定めている場合に限り、労働者が合意した範囲で休業中に就業することが可能 ○就業を希望する労働者は書面等により就業可能日等を申出、事業主は申出の範囲内で就業日等を提示、休業前日までに労使合意 ○就業日数等の上限がある（休業期間中の所定労働日・所定労働時間の半分まで等） ○休業開始予定日の前日までに申し出ることにより撤回可。休業開始日以降は特別な事情がある場合に撤回可能

＜所定労働時間の短縮措置等（同法第 23 条）＞

項　　目	内　　容
所定労働時間の短縮措置等	○3歳に満たない子を養育する労働者（日々雇用を除く）であって育児休業をしていないもの（1日の所定労働時間が6時間以下である労働者を除く）に関して、1日の所定労働時間を原則として6時間とする措置を含む措置を講ずる義務 ただし、労使協定で以下の労働者のうち所定労働時間の短縮措置を講じないものとして定められた労働者は対象外 ①勤続1年未満の労働者 ②週の所定労働日数が2日以下の労働者 ③業務の性質又は業務の実施体制に照らして、所定労働時間の短縮措置を講ずることが困難と認められる業務に従事する労働者 ○上記③の労働者について、所定労働時間の短縮措置を講じないこととするときは、当該労働者について次の措置のいずれかを講ずる義務 ・育児休業に関する制度に準ずる措置 ・フレックスタイム制 ・始業・終業時刻の繰上げ、繰下げ ・事業所内保育施設の設置運営その他これに準ずる便宜の供与

＜所定外労働の制限（同法第 16 条の 8）＞

項　　目	内　　容
制度の内容	○3歳に満たない子を養育する労働者がその子を養育するために請求した場合においては、事業主は所定労働時間を超えて労働させてはならない
対象労働者	○3歳に満たない子を養育する労働者（日々雇用を除く） ○労使協定で対象外にできる労働者 　・勤続1年未満の労働者 　・週の所定労働日数が2日以下の労働者
期間・回数	○1回の請求につき1か月以上1年以内の期間 ○請求できる回数に制限なし
手続	○開始の日の1か月前までに請求
例外	○事業の正常な運営を妨げる場合は、事業主は請求を拒める

＜時間外労働の制限（同法第 17 条）＞

項　目	内　容
制度の内容	○小学校就学の始期に達するまでの子を養育する労働者がその子を養育するために請求した場合においては、事業主は制限時間（1 か月 24 時間、1 年 150 時間）を超えて労働時間を延長してはならない
対象労働者	○小学校就学の始期に達するまでの子を養育する労働者 　ただし、以下に該当する労働者は対象外 ・日々雇用される労働者 ・勤続 1 年未満の労働者 ・週の所定労働日数が 2 日以下の労働者
期間・回数	○1 回の請求につき 1 か月以上 1 年以内の期間 ○請求できる回数に制限なし
手続	○開始の日の 1 か月前までに請求
例外	○事業の正常な運営を妨げる場合は、事業主は請求を拒める

＜深夜業の制限（同法第 19 条）＞

項　目	内　容
制度の内容	○小学校就学の始期に達するまでの子を養育する労働者がその子を養育するために請求した場合においては、事業主は午後 10 時～午前 5 時（「深夜」）において労働させてはならない
対象労働者	○小学校就学の始期に達するまでの子を養育する労働者 　ただし、以下に該当する労働者は対象外 ・日々雇用される労働者 ・勤続 1 年未満の労働者 ・保育ができる同居の家族がいる労働者 　保育ができる同居の家族とは、16 歳以上であって、 　ア深夜に就労していないこと（深夜の就労日数が 1 か月につき 3 日以下の者を含む） 　イ負傷、疾病又は心身の障害により保育が困難でないこと 　ウ 6 週間（多胎妊娠の場合は 14 週間）以内に出産する予定であるか、又は産後 8 週間を経過しない者でないこと 　のいずれにも該当する者をいう ・週の所定労働日数が 2 日以下の労働者 ・所定労働時間の全部が深夜にある労働者
期間・回数	○1 回の請求につき 1 か月以上 6 か月以内の期間 ○請求できる回数に制限なし
手続	○開始の日の 1 か月前までに請求
例外	○事業の正常な運営を妨げる場合は、事業主は請求を拒める

<子の看護休暇（同法第16条の2〜第16条の3）>

項　目	内　容
制度の内容	○小学校就学の始期に達するまでの子を養育する労働者は、1年に5日まで（当該子が2人以上の場合は10日まで）、病気・けがをした子の看護又は子に予防接種・健康診断を受けさせるために、休暇が取得できる ○時間単位での取得が可能 　　＊子の看護休暇については、法令上は、いわゆる「中抜け」（就業時間の途中から休暇を取得し、就業時間の途中に再び戻ること）を認めることまで求められていませんが、「中抜け」ありの休暇取得を認める配慮が望ましいとされています。
対象労働者	○小学校就学の始期に達するまでの子を養育する労働者（日々雇用を除く） ○労使協定で対象外にできる労働者 　・勤続6か月未満の労働者 　・週の所定労働日数が2日以下の労働者

2　介護について

　以下に、厚生労働省ＨＰに示されている制度の概要（一部）を示します。詳細については厚生労働省ＨＰを確認してください。

<介護休業制度（育児・介護休業法第11条〜第15条）>

項　目	内　容
休業の定義	○労働者がその要介護状態（負傷、疾病又は身体上若しくは精神上の障害により、2週間以上の期間にわたり常時介護を必要とする状態）にある対象家族を介護するためにする休業

対象労働者	○労働者（日々雇用を除く） ○有期契約労働者は、申出時点において、次の要件を満たすことが必要 　・介護休業取得予定日から起算して93日経過する日から6か月を経過する日までに労働契約期間が満了し、更新されないことが明らかでないこと ○労使協定で対象外にできる労働者 　・雇用された期間が1年未満の労働者 　・93日以内に雇用関係が終了する労働者 　・週の所定労働日数が2日以下の労働者
対象となる家族の範囲	○配偶者（事実婚を含む。以下同じ。） 　父母、子、配偶者の父母 　祖父母、兄弟姉妹及び孫
回数	○対象家族1人につき、3回
期間	○対象家族1人につき通算93日まで
手続	○書面等で事業主に申出 　・事業主は、証明書類の提出を求めることができる 　・事業主は、介護休業の開始予定日及び終了予定日等を、書面等で労働者に通知 ○申出期間（事業主による休業開始日の繰下げ可能期間）は2週間前まで ○2週間前の日までに申し出ることにより、93日の範囲内で、申出毎に1回に限り終了予定日の繰下げ可 ○休業開始予定日の前日までに申し出ることにより、撤回可 ○申出が2回連続して撤回された場合には、それ以降の介護休業申出を拒むことができる

＜所定労働時間の短縮措置等（同法第23条）＞

項　　目	内　　容
所定労働時間の短縮措置等	○常時介護を要する対象家族を介護する労働者（日々雇用を除く）に関して、対象家族1人につき次の措置のいずれかを、利用開始から3年以上の間で2回以上の利用を可能とする措置を講ずる義務 　・所定労働時間を短縮する制度 　・フレックスタイム制 　・始業・終業時刻の繰上げ、繰下げ 　・労働者が利用する介護サービスの費用の助成その他これに準ずる制度 ただし、労使協定で以下の労働者のうち所定労働時間の短縮措置等を講じないものとして定められた労働者は対象外 ①勤続1年未満の労働者 ②週の所定労働日数が2日以下の労働者

＜所定外労働の制限（同法第16条の8）＞

項　　目	内　　容
制度の内容	○要介護状態にある対象家族を介護する労働者がその対象家族を介護するために請求した場合においては、事業主は所定労働時間を超えて労働させてはならない
対象労働者	○要介護状態にある対象家族を介護する労働者（日々雇用を除く） ○労使協定で対象外にできる労働者 　・勤続1年未満の労働者 　・週の所定労働日数が2日以下の労働者
期間・回数	○1回の請求につき1か月以上1年以内の期間 ○請求できる回数に制限なし
手続	○開始の日の1か月前までに請求
例外	○事業の正常な運営を妨げる場合は、事業主は請求を拒める

＜時間外労働の制限（同法第18条）＞

項　　目	内　　容
制度の内容	○要介護状態にある対象家族を介護する労働者がその対象家族を介護するために請求した場合においては、事業主は制限時間（1か月24時間、1年150時間）を超えて労働時間を延長してはならない
対象労働者	○要介護状態にある対象家族を介護する労働者 　ただし、以下に該当する労働者は対象外 　・日々雇用される労働者 　・勤続1年未満の労働者 　・週の所定労働日数が2日以下の労働者
期間・回数	○1回の請求につき1か月以上1年以内の期間 ○請求できる回数に制限なし
手続	○開始の日の1か月前までに請求
例外	○事業の正常な運営を妨げる場合は、事業主は請求を拒める

＜深夜業の制限（同法第20条）＞

項　目	内　容
制度の内容	○要介護状態にある対象家族を介護する労働者がその対象家族を介護するために請求した場合においては、事業主は午後10時～午前5時（「深夜」）において労働させてはならない
対象労働者	○要介護状態にある対象家族を介護する労働者 　ただし、以下に該当する労働者は対象外 　・日々雇用される労働者 　・勤続1年未満の労働者 　・介護ができる同居の家族がいる労働者 　　介護ができる同居の家族とは、16歳以上であって、 　　ア 深夜に就労していないこと（深夜の就労日数が1か月につき3日以下の者を含む） 　　イ 負傷、疾病又は心身の障害により介護が困難でないこと 　　ウ 6週間（多胎妊娠の場合は14週間）以内に出産する予定であるか、又は産後8週間を経過しない者でないこと 　　のいずれにも該当する者をいう 　・週の所定労働日数が2日以下の労働者 　・所定労働時間の全部が深夜にある労働者
期間・回数	○1回の請求につき1か月以上6か月以内の期間 ○請求できる回数に制限なし
手続	○開始の日の1か月前までに請求
例外	○事業の正常な運営を妨げる場合は、事業主は請求を拒める

＜介護休暇（同法第16条の5～第16条の6）＞

項　目	内　容
制度の内容	○要介護状態にある対象家族の介護その他の世話を行う労働者は、1年に5日まで（対象家族が2人以上の場合は10日まで）、介護その他の世話を行うために、休暇が取得できる ○時間単位での取得が可能 　＊介護休暇については、法令上は、いわゆる「中抜け」（就業時間の途中から休暇を取得し、就業時間の途中に再び戻ること）を認めることまで求められていませんが、「中抜け」ありの休暇取得を認める配慮が望ましいとされています。
対象労働者	○要介護状態にある対象家族の介護その他の世話を行う労働者（日々雇用を除く） ○労使協定で対象外にできる労働者 　・勤続6か月未満の労働者 　・週の所定労働日数が2日以下の労働者

第7章　健康確保措置

安衛法に定める健康確保措置（主なもの）

① 労働衛生管理体制（衛生管理者・産業医の選任、衛生委員会の設置）の確立

② 健康診断の実施

③ 面接指導の実施

④ ストレスチェックの実施

　労働安全衛生法（以下「安衛法」といいます。）では、事業者に対して、労働者の安全衛生を確保するための措置を義務付けています。

　このうち、主に健康確保のための措置について説明します。

1　労働衛生管理体制

（1）衛生管理者の選任（安衛法第12条）

　　常時50人以上の労働者を使用する事業場（病院や診療所）ごとに、衛生管理者を選任しなければなりません。

ポイント！

i　選任すべき衛生管理者の数は、労働者の数に応じ、次のとおり定められています。

常時使用する労働者数	衛生管理者の数
50人以上200人以下	1人以上
201人以上500人以下	2人以上
501人以上1000人以下	3人以上
1001人以上2000人以下	4人以上
2001人以上3000人以下	5人以上
3001人以上	6人以上

ii　衛生管理者は、次の資格を有する者から選任する必要があります。
　　第一種衛生管理者免許、衛生工学衛生管理者免許、医師、歯科医師、労働衛生コンサルタント

iii　衛生管理者は、次の職務を行います。

①健康に異常がある者の発見及び処置に関すること
②作業環境の衛生上の調査に関すること
③作業条件、施設等の衛生上の改善に関すること
④労働衛生保護具、救急用具等の点検及び整備に関すること
⑤衛生教育、健康相談その他の労働者の健康保持に関する必要な事項に関すること
⑥労働者の負傷及び疾病、それによる死亡、欠勤及び移動に関する統計の作成に関すること
⑦衛生日誌の記載等職務上の記録の整備に関すること
⑧少なくとも毎週１回作業場を巡視し、設備、作業方法又は衛生状態に有害のおそれがあるときは直ちに労働者の健康障害を防止するため必要な措置を講じること

iv　衛生管理者を選任した時は、選任報告書を労働基準監督署長に提出しなければなりません。

v　常時使用する労働者数が10人以上50人未満の事業場では、衛生推進者を選任しなければなりません。（安衛法第12条の２）
　　なお、労働基準監督署長に対する選任報告は必要ありません。

（2）産業医の選任（安衛法第13条）

　　常時50人以上の労働者を使用する事業場ごとに、産業医を選任しなければなりません（常時3001人以上の労働者を使用する場合は、2人以上の産業医を選任することが必要です。）。

ポイント！

i　産業医は、次の職務を行います。

①健康診断の実施及びその結果に基づく労働者の健康を保持するための措置に関すること
②長時間労働者に対する面接指導及びその結果に基づく措置に関すること
③ストレスチェックの実施と高ストレス者に対する面接指導・その結果に基づく措置に関すること
④作業環境の維持管理に関すること
⑤作業の管理に関すること
⑥上記以外の労働者の健康管理に関すること
⑦健康教育、健康相談その他労働者の健康の保持増進を図るための措置に関すること
⑧衛生教育に関すること
⑨労働者の健康障害の原因の調査及び再発防止のための措置に関すること
⑩少なくとも月1回職場を巡視し、作業方法又は衛生状態に有害のおそれがあるときは直ちに労働者の健康障害を防止するため必要な措置を講じること

ii　産業医を選任した時は、選任報告書を労働基準監督署長に提出しなければなりません。

（3）衛生委員会の設置（安衛法第18条）

　　常時50人以上の労働者を使用する事業場ごとに、衛生委員会を設置しなければなりません。

ポイント！

i　衛生委員会の構成員は次のとおりです。

　　なお、①以外の委員の半数については、当該事業場に労働者の過半数で組織する労働組合があるときはその労働組合、労働者の過半数で組織する労働組合がないときは労働者の過半数を代表する者の推薦に基づき指名しなければなりません。

①総括安全衛生管理者*又はこれに準ずる者のうちから事業者が指名した者
②衛生管理者のうちから事業者が指名した者
③産業医のうちから事業者が指名した者
④当該事業場の労働者で、衛生に関し経験を有するもののうちから事業者が指名した者

　　＊総括安全衛生管理者は、常時1000人以上の労働者を使用する事業場において選任され、労働衛生に関する業務を総括管理する者です。

ii　衛生委員会は、毎月1回以上開催するようにしなければなりません。

iii　衛生委員会の審議事項は、次のとおりです。

①労働者の健康障害を防止するための基本となるべき対策に関すること
②労働者の健康の保持増進を図るための基本となるべき対策に関すること
③労働災害の原因及び再発防止対策で、衛生に係るものに関すること
④以上の他、労働者の健康障害の防止及び健康の保持増進に係る重要事項に関すること

iv　衛生委員会の開催の都度議事録を作成し、3年間保存しておくことが必要です。

2　健康診断の実施（安衛法第 66 条）

常時使用する労働者に対して、次の健康診断を行わなければなりません。

健康診断の種類 （主なもの）	対　象　労　働　者	実　施　時　期
雇入時の健康診断	常時使用する労働者	雇入れの際
定期健康診断	常時使用する労働者（次項の特定業務従事者を除く）	1 年以内ごとに 1 回
特定業務従事者の健康診断	特定業務（深夜業を含む業務等）に常時従事する労働者	当該業務への配置替えの際、6 月以内ごとに 1 回
電離放射線健康診断	放射線業務に常時従事する労働者で管理区域に立ち入る者	雇入れの際、当該業務への配置替えの際、6 月以内ごとに 1 回

ポイント！

i　健康診断を実施した後は、医師の意見を聴取し、必要があると認める場合には、作業の転換、労働時間の短縮、深夜業の回数の制限等の措置を講じなければなりません。

ii　健康診断の結果は、健康診断個人表を作成し、5 年間（電離放射線健康診断については 30 年間）保存しておくことが必要です。

iii　定期健康診断及び特定業務従事者の健康診断（6 月以内ごとに行うもの）については、常時 50 人以上の労働者を使用する事業場ごとに、結果報告書を労働基準監督署長に提出しなければなりません。

電離放射線健康診断についても、結果報告書を労働基準監督署長に提出しなければなりません（労働者規模の限定はありません。）。

3　面接指導の実施（安衛法第66条の8）

　長時間労働を行う労働者に対して、医師による面接指導を実施しなければなりません。
　面接指導は、医師が問診その他の方法により心身の状況を把握し、これに応じて必要な指導を行うものです。

　長時間労働者に対する面接指導制度の流れは、次のとおりです。

```
┌─────────────────────────────────────────────┐
│      すべての労働者の労働時間の状況を把握      │
└─────────────────────────────────────────────┘
                      ⇩
┌─────────────────────────────────────────────┐
│   1週間当たりの労働時間が40時間を超えた時間が、  │
│ 月80時間を超えた労働者にその情報を通知・産業医にも情報を提供 │
└─────────────────────────────────────────────┘
                      ⇩
┌─────────────────────────────────────────────┐
│      産業医が労働者に面接指導の申出を勧奨      │
└─────────────────────────────────────────────┘
                      ⇩
┌─────────────────────────────────────────────┐
│      通知を受けた労働者が面接指導の申出       │
└─────────────────────────────────────────────┘
                      ⇩
┌─────────────────────────────────────────────┐
│        産業医等による面接指導を実施          │
└─────────────────────────────────────────────┘
                      ⇩
┌─────────────────────────────────────────────┐
│ 事業者が産業医等から労働者の措置等に関する意見を聴取 │
└─────────────────────────────────────────────┘
                      ⇩
┌─────────────────────────────────────────────┐
│ 事業者が産業医等の意見を踏まえて必要な就業上の措置を講じる │
└─────────────────────────────────────────────┘
```

ポイント！

i　面接指導を適切に実施するため、その前提となる労働時間の状況（労働者がどの時間帯にどの程度の時間、労務を提供し得る状態にあったか）を把握しなければなりません。

　労働時間の状況の把握は、原則として、タイムカードによる記録、パソコンのログ記録等の客観的な方法によることなど、「労働時間の適正な把握のために使用者が講ずべき措置に関するガイドライン」で示す措置（第1編第1章2参照）と同様の方法によるものとされています。

ii　必要な就業上の措置には、次のようなものがあります。

　就業場所の変更・作業転換、労働時間の短縮、深夜業の回数の減少、衛生委員会等への報告 等

iii　面接指導の結果は、記録を作成し、5年間保存しておくことが必要です。

4　ストレスチェックの実施（安衛法第 66 条の 10）

　　常時使用する労働者に対して、ストレスチェック（心理的な負担の程度を把握するための検査）を実施しなければなりません。
　　（常時使用する労働者数が 50 人未満の事業場は努力義務です。）

　　ストレスチェックの実施手順は、次のとおりです。
　　（厚生労働省パンフレット「ストレスチェック制度導入マニュアル」から引用）

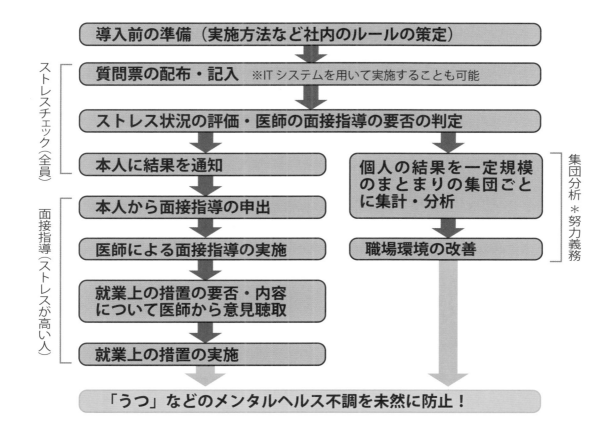

i　ストレスチェックの実施者は、医師、保健師、厚生労働大臣が定める講習を修了した歯科医師・看護師・精神保健福祉士・公認心理師の中から選任することとされています。

ii　ストレスチェックの結果は、実施者から直接労働者本人に通知され、事業者（医療機関）が結果を入手するには、あらかじめ本人の同意を得ることが必要です。
　また、労働者が面接指導の申出をしたことを理由として、不利益な取扱いをしてはなりません。

iii　必要な就業上の措置には、次のようなものがあります。
　就業場所の変更・作業転換、労働時間の短縮、深夜業の回数の減少、衛生委員会等への報告 等

iv　ストレスチェックにより実施した面接指導の結果は、記録を作成し、5年間保存しておくことが必要です。

v　ストレスチェックの結果については、常時50人以上の労働者を使用する事業場ごとに、結果報告書を労働基準監督署長に提出しなければなりません。

第2編

医師の労働時間管理

第2編　医師の労働時間管理

第1章　医師に対する時間外労働の上限規制等の概要

高齢者の増加に伴う医療需要の高まり、生活習慣病などの医療ニーズの変化、さらには国民の生活や健康状態に合わせた総合的な医療の提供など、医療を取り巻く状況の変化が見込まれる中で、我が国の医療に対する期待はますます高まるものと考えられます。

その一方で、医療の現場は、医師の長時間労働をはじめとした、医療に携わる方たちの献身的な努力に支えられています。

今後とも、地域に必要な医療を持続的に提供できる社会を実現するため、医師の働き方改革は、社会全体で取り組まなければならない大切なことです。

1　診療を行う医師の時間外・休日労働時間の上限

2024年（令和6年）4月1日から、病院、診療所などにおいて、医療を受ける者に対する診療を行う医師（以下「特定医師」といいます。）の時間外労働の限度時間は、原則として1か月について45時間、1年について360時間です。

また、医療法の規定に基づいて、「特定地域医療提供機関（B）」、「連携型特定地域医療提供機関（連携B）」、「技能向上集中研修機関（C-1）」、「特定高度技能研修機関（C-2）」として指定されている医療機関*において、指定に係る業務に従事する特定医師については、「36協定」の特別条項で定めた場合に臨時的に延長することができる時間外・休日労働時間数の上限が設定されています。

＊医療法の規定に基づく「B」、「連携B」、「C-1」、「C-2」の都道府県知事の指定を受けるには、長時間労働の医師に対する労務管理、健康確保を着実に行える体制が整っていることが必要です。

表1は医療法の規定に基づく指定区分と対象となる医師の関係を、表2は、各水準の特定医師に適用される時間外・休日労働の上限規制の枠組みを整理したものです（詳しくは第2編第5章参照）。

例えば、医療法に基づくB指定を受けている医療機関で勤務する、B水準の特定医師については、36協定を締結した場合、「1か月45時間、1年について360時間」が時間外労働の限度時間となります。

そして、通常の業務量の大幅な増加等に伴い臨時的に限度時間を超えて労働させる必要がある場合において、特別条項付き36協定で定めることができる時間外・休日労働時間の上限（以下「特別延長時間の上限」といいます。）は、「1か月100時間未満（例外あり）、1年について1860時間」となります。

表1　医療法の規定に基づく医療機関の指定と対象となる医師

指定区分	対　象　と　な　る　医　師
A （指定なし）	病院・診療所に勤務する特定医師、介護老人保健施設・介護医療院に勤務する特定医師（以下「A水準の特定医師」）
B	特定地域医療提供機関として指定されている病院・診療所において、当該業務に従事する特定医師（以下「B水準の特定医師」）
連携B	連携型特定地域医療提供機関として指定されている病院・診療所から他の病院・診療所に地域医療確保のために派遣される特定医師（以下「連携B水準の特定医師」）
C－1	技能向上集中研修機関として指定されている病院・診療所において当該指定に係る業務に従事する特定医師（以下「C－1水準の特定医師」）
C－2	特定高度技能研修機関として指定されている病院・診療所において、当該指定に係る業務に従事する特定医師（以下「C－2水準の特定医師」）

表2　特定医師の時間外・休日労働の上限規制の枠組み

①特定医師の限度時間
通常予見される時間外労働につき、36協定で協定する時間数の上限 　　「1か月について45時間及び1年について360時間」以内 　　ただし、3か月を超える期間を定めて、1年単位の変形労働時間制による場合は、 　　「1か月について42時間及び1年について320時間」以内
②A水準の特定医師
特別延長時間の上限 　　「1か月について100時間未満」（例外あり） 　　「1年について960時間」以内
③B水準の特定医師
特別延長時間の上限 　　「1か月について100時間未満」（例外あり） 　　「1年について1860時間」以内
④連携B水準の特定医師
特別延長時間の上限 　　「1か月について100時間未満」（例外あり） 　　「1年について960時間」以内（派遣元の医療機関の36協定）
⑤C－1水準の特定医師、C－2水準の特定医師
特別延長時間の上限 　　「1か月について100時間未満」（例外あり） 　　「1年について1860時間」以内

2 特定医師の追加的健康確保措置

　36協定では、労働時間の延長や休日の労働を適正なものとするため、労働者の範囲、対象期間とその起算日など厚生労働省令で定める事項を定めなければなりませんが、特定医師に関する36協定においては、これらに加えて、面接指導や勤務間インターバルなどの健康確保措置に関しても定めることとされています。

　（詳しくは、第2編第6章参照）

3 医師の労働時間短縮等に関する指針

　令和4年1月に、「医師の労働時間短縮等に関する指針」が厚生労働省告示として示されました。

　この指針では、「長時間労働を解消し、医師の健康を確保することは、・・・今後も良質かつ適切な医療を提供する体制を維持していく上での喫緊の課題」であるとして、「医師の偏在の解消を含む地域における医療提供体制・・・の改革と一体的に進めなければ、医師の長時間労働の本質的な解消を図ることはできない」、そして「すべての関係者が一丸となって、改革するために不断の取組を重ねていく必要がある」との基本的な考え方が示されるとともに、医師の時間外労働時間短縮目標ライン、各関係者が取り組むべき推奨事項等がとりまとめられています。

　医師の時間外労働時間短縮目標ラインは、各医療機関が着実に対象となる医師の労働時間を短縮することができるよう、令和17年度末に年間の時間外・休日労働時間数が960時間以下となることを目指し、3年ごとの段階的な目標値を設定することとされています。

　また、医療機関が取り組むことが推奨される事項として、①適切な労務管理の実施等に関する事項、②タスク・シフト／シェアの実施等に関する事項、③医師の健康確保に関する事項、④各診療科において取り組むべき事項、⑤労働時間短縮計画のPDCAサイクルにおける具体的な取組に関する事項、⑥技能研修計画に関する医療機関内における相談体制の構築、を挙げて、項目ごとに具体的な取組事項が示されています。

　第2章以下では、医師の労働時間管理の適正化の前提となる、「医師の研鑽の労働時間の考え方」、「宿日直許可の取扱い」、「副業・兼業を行う場合の労働時間管理」について取り上げ、さらに「医師の時間外労働の上限規制」、「特定医師の追加的健康確保措置」について、法令や行政通達等の内容を解説します。

第 2 章　医師の研鑽の労働時間の考え方

所定労働時間内に行う研鑽

　　　　➡️　　原則として労働時間

所定労働時間外に行う研鑽

①　診療等と直接関連なく、上司の明示・黙示の指示
によらずに行われる場合

　　　➡️　労働時間でない

②　上司の明示・黙示の指示により行われる場合

　　　➡️　労働時間

　医療機関に勤務する医師が、診療等の本来業務の傍ら、自らの知識の習得や技能の向上を図るために行う研鑽（学習、研究等）は、労働時間に該当しない場合と該当する場合があります。

　このため厚生労働省は「医師の研鑽に係る労働時間に関する考え方について」（令和元年7月1日付け基発 0701 第 9 号。以下この章において「通達」といいます。）を示して、医師の研鑽が労働時間に該当しないか、又は該当するかを判断する場合の基本的な考え方と、医師の研鑽が労働時間に該当するか否かを明確化するための手続と環境整備について示しました。

　この章では、厚生労働省の通達を踏まえながら、医師の労働時間管理の焦点の一つである「医師の研鑽の労働時間該当性」について解説します。

1 医師（勤務医）が行う研鑽の労働時間該当性

　　通達は、表1のとおり、基本的な考え方を示しています。

表1　研鑽の労働時間該当性に関する基本的考え方

原則1　所定労働時間内の研鑽

◇　医師が、使用者に指示された勤務場所（院内等）において行う研鑽

　　　　　　　　⇒労働時間に該当

原則2　所定労働時間外の研鑽

◇　診療等の本来業務と直接の関連性なく、かつ、上司の明示・黙示の指示によらずに行われる研鑽（在院して行う場合でも）

　　　　　　　　⇒労働時間に該当しない

◇　上司の明示・黙示の指示により行われる場合（診療等の本来業務と直接の関連性なく行われる場合でも）

　　　　　　　　⇒労働時間に該当

2　所定労働時間外に医師が行う研鑽の労働時間該当性（具体例）

（1）通達は、所定労働時間外に医師が行う研鑽を3類型に分類し、具体例を挙げながら、それぞれが労働時間に該当するか否かを判断するに当たっての基本的考え方を示しています。

　　基本的な視点として、医師が行う「研鑽」で、在院して行う場合であっても、一般的に労働時間に該当しないのは、①業務上必須ではない行為を、②自由な意思に基づき、③所定労働時間外に、④自ら申し出て、⑤上司の明示・黙示による指示なく行う時間であり、他方、労働時間に該当するのは、「研鑽」が、①診療の準備又は診療に伴う後処理として不可欠なもの、②研鑽を行わないと不利益が課され（就業規則上の制裁など）、その実施を余儀なくされている場合、③業務上必須である場合、④業務上必須でなくとも上司が明示・黙示の指示をして行わせる場合等としています。

　　通達で示された「労働時間該当性判断に当たっての基本的な考え方」をまとめると、表2のとおりです。

表2　医師の研鑽の3類型ごとの労働時間該当性の基本的考え方

類型	研鑽の具体的内容（例）	労働時間該当性
一般診療における新たな知識、技能の習得のための学習	①診療ガイドラインについての勉強 ②新しい治療法や新薬についての勉強 ③自らが術者等である手術や処置等についての予習や振り返り ④シミュレーターを用いた手技の練習　等	◇業務上必須ではない行為を、自由な意思に基づき、所定労働時間外に、自ら申し出て、上司の明示・黙示による指示なく行う時間 　⇒労働時間非該当（在院の場合も） ◇診療の準備又は診療に伴う後処理として不可欠なもの 　⇒労働時間
博士の学位を取得するための研究及び論文作成や、専門医を取得するための症例研究や論文作成	①学会や外部の勉強会への参加・発表準備 ②院内勉強会への参加・発表準備 ③本来業務とは区別された臨床研究に係る診療データの整理・症例報告の作成・論文執筆 ④大学院の受験勉強 ⑤専門医の取得や更新に係る症例報告作成・講習会受講　等	◇上司や先輩である医師から論文作成等を奨励されている等の事情があっても、業務上必須ではない行為を、自由な意思に基づき、所定労働時間外に、自ら申し出て、上司の明示・黙示による指示なく行う時間 　⇒労働時間非該当（在院の場合も） （例） 　☆勤務先の医療機関が主催する勉強会であるが自由参加 　☆学会等への参加・発表や論文投稿が勤務先の医療機関に割り当てられているが、医師個人への割当はない 　☆研究を本来業務とはしない医師が、院内の臨床データ等を利用し、院内で研究活動を行っているが、当該研究活動は、上司に命じられておらず、自主的に行っている ◇研鑽の不実施について就業規則上の制裁等の不利益が課されているため、その実施を余儀なくされている場合や、研鑽が業務上必須である場合、業務上必須でなくとも上司が明示・黙示の指示をして行わせる場合 　⇒労働時間
手技を向上させるための手術の見学	手術・処置等の見学の機会の確保や症例経験を蓄積するために、所定労働時間外に、見学（見学の延長上での診療を含む）を行うこと　等	◇上司や先輩である医師から奨励されている等の事情があったとしても、業務上必須ではない見学を、自由な意思に基づき、所定労働時間外に、自ら申し出て、上司の明示・黙示による指示なく行う場合、当該見学やそのための待機時間 　⇒労働時間非該当（在院の場合も） ◇見学中に診療（診療の補助を含む）を行った場合 　⇒労働時間（診療を行った時間） ◇見学中に診療を行うことが、慣習化、常態化している場合 　⇒労働時間（見学の時間全て）

（2）また、上記の研鑽の労働時間該当性について、次のとおり留意事項が示されています。

　　① 諸経費の支弁と労働時間該当性
　　　福利厚生の一環として、学会等へ参加する際の旅費等諸経費が支弁されていることは、労働時間に該当するかどうかの判断に直接関係しないものであること。

　　② 医師以外の職種も参加する研鑽
　　　看護師等の医師以外の職種が参加するものであったとしても、労働時間に該当するかどうかの判断に直接関係しないものであること。

3　医師が労働に該当しない研鑽を在院して行う場合の手続等

　研鑽を行う医師が所属する各医療機関では、それが「労働時間に該当するのか、しないのか」を明確にするための手続を定めるとともに、その適切な運用を確保するための環境整備を行うことが重要です。

　通達では、手続として、医師の研鑽と業務との関連性、制裁等の不利益の有無や上司の指示の範囲を明確化しておくことを示しています。

　また、環境整備に関しては、研鑽を行う場合には、①診療等の通常業務から離れることを保障すること、②医療機関ごとに研鑽に関する考え方、労働に該当しない研鑽を行う際の手続等を書面等に示し院内職員に周知すること、③手続をとった場合の記録を保存することを示しています。

　医師の研鑽の労働時間該当性を明確化する手続と環境の整備について、通達とこれに関連して示された留意事項をまとめると、表3のとおりです。

表3　研鑽の労働時間該当性を明確化する手続及び環境の整備

1　「研鑽」が労働時間に該当するか否かを明確化する手続

　　実施する「研鑽」ごとに、業務との関連性、制裁等の不利益の有無、上司の指示の範囲を事前に明確化する手続の実施

　　（例）労働に該当しない研鑽を行う医師が、その旨を上司に申し出て、上司は申出をした医師との間において、次の事項を確認する。

　　・本来業務及び本来業務に不可欠な準備・後処理のいずれにも該当しないこと

　　・当該研鑽を行わないことについて制裁等の不利益はないこと

　　・上司として当該研鑽を行うよう指示しておらず、かつ、当該研鑽を開始する時点において本来業務及び本来業務に不可欠な準備・後処理は終了しており、本人はそれらの業務から離れてよいこと

　　（留意事項）

　　・上司は、初期研修医、後期研修医、それ以降の医師といった職階の違い等の当該医師の経験、担当する外来業務や入院患者等に係る診療の状況、当該医療機関が当該医師に求める医療提供の水準等を踏まえ、現在の業務上必須かどうかを対象医師ごとに個別に判断するものであること

　　・手続は、労働に該当しない研鑽を行おうとする医師が、当該研鑽の内容について月間の研鑽計画をあらかじめ作成し、上司の承認を得ておき、日々の管理は通常の残業申請と一体的に、当該計画に基づいた研鑽を行うために在院する旨を申請する形で行うことも考えられること

　　・手続は、労働に該当しない研鑽を行おうとする医師が、当該研鑽のために在院する旨の申し出を、一旦事務職が担当者として受け入れて、上司の確認を得ることとすることも考えられること

2　研鑽のために在院する医師のための環境の整備

　①研鑽中の医師が、診療等の業務から離れることの保障

　　ア　突発的な事態を除き診療等の通常業務への従事を指示しないこと

　　イ　通常勤務ではないことが外形的に明確に見分けられる措置を講ずること

　　　・勤務場所とは別に労働に該当しない研鑽を行う場所を設けること

　　　・白衣を着用せずに行うこと　　等

　②次の事項の明確化と書面等での明示及び院内職員への周知

　　・各医療機関での研鑽に関する考え方

　　・労働に該当しない研鑽のために所定労働時間外に在院する場合の手続

　　・労働に該当しない研鑽を行う場合には診療体制に含めないこと　　等

　③上記1の手続をとった場合に、医師本人からの申出の確認や上司の指示を記録し保存（3年間）

第3章　宿日直許可の取扱い

医師等の宿日直勤務（厚労省の許可基準あり）

労働基準監督署長の許可を受けた場合

　　　➡　労基法の労働時間、休憩、休日に関する規制が

　　　　　適用除外

労働基準監督署長の許可を受けていない場合

　　　➡　労基法の労働時間、休憩、休日に関する規制が

　　　　　適用

医師、看護師等（以下「医師等」といいます。）の宿日直勤務について、厚生労働省は令和元年7月1日、「医師、看護師等の宿日直許可基準について」（令和元年7月1日付け基発0701第8号）を発出しました。

この章では、発出された厚生労働省の通達に基づき、明確化された「医師等の宿日直許可基準」について解説します。

1　医師等の宿日直勤務と労基法の適用

医師等の宿日直勤務については、労働基準監督署長の許可を得た場合には、労基法上の労働時間、休憩、休日に関する規制の適用が除外されます。

したがって、許可を得て宿日直勤務を命じても、実際の宿日直勤務の態様が、以下の2で示す「医師等の宿日直許可基準」を満たしている場合には、その時間は労基法上の労働時間には該当しません。

つまり、時間外・休日に宿日直を行わせても、その時間については、36協定の締結・届出の必要はありませんし、休憩時間の付与や割増賃金の支払いも不要ということです。

ただし、一定額以上の「宿日直手当」の支払いは必要です（表1【一般の宿日直許可の基準】(2) 参照）。

なお、医師が副業・兼業で複数の医療機関で宿日直業務に従事する場合は、通常の勤務と相まって、長時間の拘束につながることなどが懸念されますので、配慮が必要です。

2 医師等の宿日直許可基準

厚生労働省が明確化した医師等の宿日直許可基準は次の表のとおりです。

表1 医師等の宿日許可基準（令和元年7月1日付け基発0701第8号）

1～3の条件の全てを満たし、かつ、宿直の場合は夜間に十分な睡眠がとり得るものであること	
1	通常の勤務時間の拘束から完全に解放された後のものであること
2	宿日直中に従事する業務は、一般の宿日直業務以外には、特殊の措置を必要としない軽度の又は短時間の業務*に限ること
3	上記以外に、一般の宿日直の許可の際の条件を満たしていること

【一般の宿日直許可の基準】
(1) 勤務の態様が、常態として、ほとんど労働をする必要のない勤務であること
(2) 「宿日直手当」は、宿日直に就くことを予定されている全ての医師ごと、看護師ごとにそれぞれ計算した一人1日の平均額の三分の一以上の額を支払うこと
(3) 宿直勤務は週1回、日直勤務は月1回を限度とすること
　　→ただし、当該事業場に勤務する18歳以上の者で法律上宿直又は日直を行いうるすべてのものに宿直又は日直をさせてもなお不足でありかつ勤務の労働密度が薄い場合には、宿直又は日直業務の実態に応じて週1回を超える宿直、月1回を超える日直についても許可して差し支えないこと
(4) 宿直勤務については、相当の睡眠設備を設置すること

* 「特殊の措置を必要としない軽度の又は短時間の業務」として、以下の具体例が示されています。

表2 特殊の措置を必要としない軽度の又は短時間の業務の具体例

◇医師が、少数の要注意患者の状態の変動に対応するため、問診等による診察等（軽度の処置を含む。以下同じ。）や、看護師等に対する指示、確認を行うこと

◇医師が、外来患者の来院が通常想定されない休日・夜間（例えば非輪番日であるなど）において、少数の軽症の外来患者や、かかりつけ患者の状態の変動に対応するため、問診等による診察等や、看護師等に対する指示、確認を行うこと

◇看護職員が、外来患者の来院が通常想定されない休日・夜間（例えば非輪番日であるなど）において、少数の軽症の外来患者や、かかりつけ患者の状態の変動に対応するため、問診等を行うことや、医師に対する報告を行うこと

◇看護職員が、病室の定時巡回、患者の状態の変動の医師への報告、少数の要注意患者の定時検脈、検温を行うこと

3　宿日直中に通常の勤務時間と同態様の業務に従事する時間についての許可の取扱い

（1）宿日直中に、通常の勤務時間と同態様の業務に従事することが稀にあっても、一般的にみて、常態としてほとんど労働することがない勤務であり、かつ宿直の場合は、夜間に十分な睡眠がとり得るものである限り、宿日直の許可が取り消されることはありません。

　また、労働時間に該当しないと判断される研鑽が宿日直中に常態的に行われているものであったとしても、宿日直許可における不許可事由とはならず、又は許可を取り消す事由とはならないとされています。

（2）なお、稀であっても、医師等が宿日直中に通常の勤務時間と同態様の業務に従事した時間については、時間外労働に当たりますので、36協定等の手続が必要ですし、宿日直手当とは別に、時間外労働等に対する割増賃金を支払う必要があります。

4　宿日直許可の対象とはならない医師等の勤務の態様

　宿日直に対応する医師等の数について、宿日直の際に担当する患者数との関係やその病院等に夜間・休日に来院する急病患者の発生率との関係等からみて、通常の勤務時間と同態様の業務に従事することが常態であると判断される場合には、宿日直の許可を得ることはできません。

5　宿日直の許可の範囲等

（1）宿日直の許可は、必ずしも一つの病院、診療所等の全体を対象として受けるだけではなく、各医療機関の所属診療科、職種、時間帯、業務の種類等に限定して受けることもできます。

　具体的には「○○科のみ」「医師以外のみ」「医師については深夜時間帯のみ」「病棟宿直業務に従事する医師等のみ」等に限定して宿日直許可を受けることも可能です。

（2）なお、小規模の病院や診療所等で、医師等が住み込んでいる場合には、宿日直として取り扱う必要はありません。

6 宿日直許可基準を踏まえて各医療機関が取り組むべき課題

　図1では、宿日直許可を「取得済医療機関」と「未取得医療機関」に分けて、検討すべき課題を図にしています。

　「取得済の医療機関」では、現在の勤務態様が宿日直許可の要件を具備しているのかを確認し、対応を検討してください。

　また、「未取得の医療機関」では、この章で解説した許可基準と現在の勤務態様を踏まえ、宿日直許可を取得できる場合には、早急に許可申請されることをお勧めします。

図1　宿日直許可取得済・未取得医療機関別の実施事項

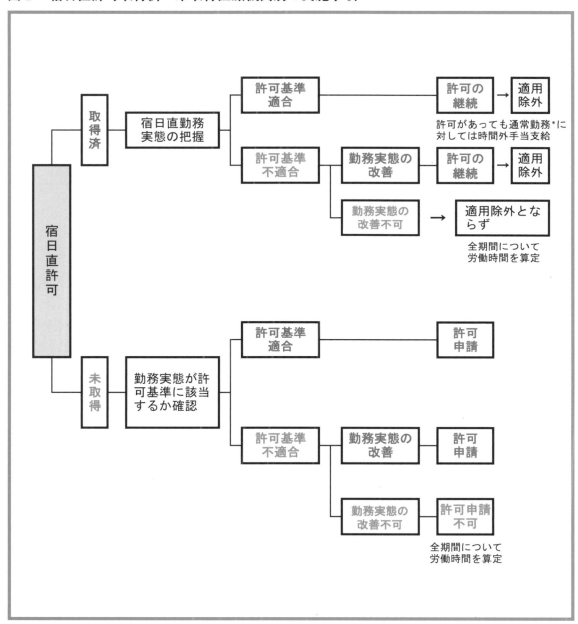

＊「通常勤務」とは、通常の勤務時間と同態様の業務に従事した時間のことです。

7 宿日直許可申請の実際

（1）宿日直許可申請について

① 宿日直許可を新たに取得するためには、「断続的な宿直又は日直勤務許可申請書」（労基法施行規則様式第10号）（参考1：65頁）に所定事項を記入した上で、労働基準監督署長に提出しますが、その際、労働基準監督署からは必要書類の添付を求められます。

＜一般的に提出を求められる書類＞

◇宿日直予定表（1か月～3か月程度の予定表で宿日直日がわかるもの）
◇宿日直日誌（1か月～3か月程度：宿日直における業務の内容がわかるもの）
◇病院の見取図（宿直室と巡回病棟の位置がわかるもの）
◇睡眠設備（宿直室）の見取図・写真
◇宿日直勤務者の賃金一覧表
　など

　申請内容によっては、次の資料などの提示や写しの提出を求められる場合がありますので、事前に労働基準監督署に確認してください。

＜提示（又は提出）が求められる書類＞

◇就業規則
◇労働者名簿
◇賃金台帳

② 労働基準監督署によっては、調査が円滑に進むよう、「断続的宿日直勤務許可申請添付書類」（参考2：66頁）といった資料の提出が求められる場合があります。

　また、上記の宿日直勤務者の賃金一覧表についても提出が求められる場合がありますので、記載例（参考3：67頁）を参考にしてください。

③ 上記のように、労働基準監督署によっては、「断続的宿日直勤務許可申請添付書類」（参考2）の提出が求められる場合があります。この書類は、労働基準監督署によって若干の違いがあるようですが、求められる内容は同一と思われますので、以下に参考となる事項を示します。

　なお、本添付書類の提出が求められない場合でも、労働基準監督署の調査においては、本添付書類に示されている事項がチェックされることになります。

＜記載に当たっての参考事項＞

◇本添付書類は看護職員を許可申請対象とするものについての様式です。医師について許可申請を行う場合には、医師についての内容を記載することになります。

◇労働者数の欄では、内数として、医師、看護職員、助産師、薬剤師・技師（診療技術職）、事務員等の数を記入します。

◇所定労働時間の欄では、交替勤務、時差勤務がある場合にはその概要を記入することになります。例えば、三交替制の場合について、

日勤 8:00 〜 16:45　準夜勤 16:00 〜 24:45　深夜勤 24:00 〜 8:45
（いずれも休憩１時間）

等と記載することになります。

本添付書類では「看護業務等」とされていますが、医師の宿日直許可申請を行う場合であって、医師に交替制勤務、時差勤務がある場合にはその概要を記載することになります。

◇病院の欄では、常時入院患者数、過去３か月における 17 時以降の救急患者数（これに加え１日平均を付記することもある）の記入が求められます。

◇宿直の欄の「総員数」は、宿直勤務に就く予定者の数です。例えば 30 人の医師が１回につき２人配置される宿日直の場合、「30 人」と記載します。

◇宿直の欄の「一定期間における一人の回数」については、原則として「１週１回」以内とする必要がありますが、厚生労働省の通達で、「当該事業場に勤務する 18 歳以上の者で法律上宿直又は日直を行いうるすべてのものに宿直又は日直をさせてもなお不足でありかつ勤務の労働密度が薄い場合には、宿直又は日直業務の実態に応じて週１回を超える宿直、月１回を超える日直についても許可して差し支えないこと」とされており、１週１回を超えることが見込まれる場合でも、許可されることがあります。

◇宿直の欄の「勤務の態様」については、許可されるか否かに直接かかわってくるところです。「特殊の措置を必要としない軽度の業務」「短時間の業務」と認められれば、許可される場合があります。

日直の欄も同様です。

◇宿日直手当額計算基礎の欄は、「宿日直勤務者の賃金一覧表（月額）」（参考３）において計算した額を記載します。この場合、労基法第 37 条に規定する割増賃金の算定基礎となる賃金により算定します。

医師、看護師、薬剤師等職種により職務内容、賃金水準等が異なりますので、申請する職種ごとに計算し、手当額を決定することになります。

１回の手当額の算出方法は次のとおりです。

①宿日直に就く者が８人いる場合、基本給＋諸手当*の８人の合計額を８で割り、１人当たりの１か月平均額を求めます。

*家族手当、通勤手当等労基法第 37 条の割増賃金の算定基礎に算入しない賃金、賞与等算定期間が１か月を超える賃金、時間外勤務手当、休日出勤手当等は除きます。

②これを１か月平均労働日数で除した額（１人当たりの１日平均額）の３分の１以上を宿日直手当額とします。

（１か月平均労働日数の計算例）
年間の休日数が 113 日である場合、年間の労働日数は 252 日となります。これを 12 で割ると 21 となり、１か月の平均労働日数は 21 日となります。
252 日（365 − 113）÷ 12 月 = 21 日

④ 申請を行うと、原則として、労働基準監督署の現地調査（実地調査）が行われます。調査においては、使用者への事情聴取のほか、対象となる医師、看護師等へのヒアリングが行われることもあります。

調査の最大のポイントは、勤務の態様が、常態として、次のようにほとんど労働をする必要のない勤務であるかどうかになります。

＜医師についての調査のポイント＞

◇少数の要注意患者の状態の変動に対応するため、問診等による診察等（軽度の処置を含む。以下同じ。）や、看護師等に対する指示、確認を行うこと
◇外来患者の来院が通常想定されない休日・夜間（例えば非輪番日であるなど）において、少数の軽症の外来患者や、かかりつけ患者の状態の変動に対応するため、問診等による診察等や、看護師等に対する指示、確認を行うこと

また、通常の勤務時間の拘束から完全に解放された後のものであることが許可の第一の条件となることから、例えば宿直の場合、通常勤務の終業時刻後に、そのまま宿直勤務として通常業務を継続するような場合には許可されないと考えられます。

労働基準監督署によるこれらの調査を経て、許可基準に該当するか否かが判断されます。

（2）宿日直許可取得当時とは就労実態が大きく変化し、現状では「許可基準を充足していない場合」の対応

宿日直の実態が、許可を受けた当時とは変化した（許可申請事項に変更があった）場合には、原則として再度の申請が必要です。

しかし、現状が「許可基準を充足しない」と考えられる場合には、医療機関全体で申請すると「不許可」となる可能性が大きいと思われます。

そのため、病院の診療科ごと、職種ごと、時間帯ごと、業務の種類ごと、病棟ごとなど、夜間の勤務実態を個別に、正確に把握し、許可基準に該当する特定の診療科や職種、また時間帯などに限って申請することも検討してください。（例えば、医師以外のみ、医師の深夜時間帯のみ、病棟の医師のみ等）

仮に「宿日直許可基準」を充足していない現状である場合は、「許可の範囲を超えて行われた宿日直」と評価され、労基法の適用除外とならず、同法第32条（労働時間）、第37条（割増賃金）等の違反の状態と判断されますので、早急な対応が必要です。

なお、宿日直許可証を紛失した場合は、早急に労働基準監督署にご相談ください。

参考1 「断続的な宿直又は日直勤務許可申請書」様式と記載例(労基法施行規則様式第10号)

様式第10号 (第23条関係)

断続的な宿直又は日直勤務許可申請書

事業の種類	事業の名称	事業の所在地
医療業	医療法人〇〇会RIC病院	(〒000-0000) 〇〇市△△町***

宿直		
総員数	8人	
1回の宿直員数	1人	
宿直勤務の開始及び終了時刻	18時00分から 翌08時45分まで	
一定期間における1人の宿直回数	週1回	
1回の宿直手当	20,000円	
就寝設備	専用の宿直室:1人部屋:約10m²:ベッド(掛布団等寝具付・寝具予備有)、冷暖房、TV	
勤務の態様	・1回約20分の定期回診(病室を巡回。1回の宿直勤務で2回程度、発熱診察等を行う場合がある。) ・入院患者の容態急変に備えた病棟管理(診察を要する頻度は1回1件程度(1件約10～20分程度))	

日直		
総員数	8人	
1回の日直員数	1人	
日直勤務の開始及び終了時刻	自 09時00分から 至 17時00分まで	
一定期間における1人の日直回数	月1回	
1回の日直手当	20,000円	
勤務の態様	・1回約20分の定期回診(病室を巡回。1回の日直勤務で2回程度、発熱診察等を行う場合がある。) ・入院患者の容態急変に備えた病棟管理(診察を要する頻度は1回1件程度(1件約10～20分程度))	

令和5年12月1日

使用者 職名 医療法人〇〇会RIC病院
　　　　氏名 文京 芳子

〇〇労働基準監督署長 殿

参考2　断続的宿日直勤務許可申請添付書類（病院・社会福祉施設用）

様式許6-2
病院・社会福祉施設用

断続的宿日直勤務許可申請添付書類

整理 番号					

事業の種類				労働者数	男	医　師		指導員（教員）	
事業場名					女	（准）看護師		調理員	
所在地					年少者	助産師		事務員	
						薬剤師・技士		その他	
公立（　　　　　）・私立（　　　　　）					計	保育士			

所定労働時間	通常勤務	始業時間		看護業務等に交替勤務又は時差勤務がある場合はその概略	
		終業時間			
		休憩時間			

病院	救急指定（有・無）		ベッド数	床	常時入院患者数		名	過去3ヶ月における17時以降の救急患者数		名
社会福祉施設	収容者数	名	うち重症者数	名	厚生労働省の職員配置基準の充足状況	充足・不足		過去3ヶ月における17時以降に発生した突発的介護業務件数		件

宿直

		看護業務等	その他	一定期間における一人の回数	看護業務等	その他	開始時刻	
宿	総員数	名	名		1週　回	1週　回		
	1回の員数	看護業務等	その他	1回の手当額	看護業務等	その他	終了時刻	
		名	名		回	回		
	就寝設備	専用の宿直室（有・無）「無の場合代用設備は何か　　　　　　」			一人当たりの広さ（　　　㎡）寝具の備え付け（　　　人分）冷暖房設備（　有・無　）			
直	勤務の態様	病室等の定時巡回［有（　回　延約　分）・無］　睡眠時間（　時間）定時検脈・検温［有（　回　延約　分）・無］　その他の業務［　　　］［看護業務、保育士については図示］ 勤務 時間　16 17 18 19 20 21 22 23 24 1 2 3 4 5 6 7 8 9						

日直

		看護業務等	その他	一定期間における一人の回数	看護業務等	その他	開始時刻	
日	総員数	名	名		1ヶ月　回	1ヶ月　回		
	1回の員数	看護業務等	その他	1回の手当額	看護業務等	その他	終了時刻	
		名	名		回	回		
直	勤務の態様	病室等の定時巡回［有（　回　延約　分）・無］定時検脈・検温［有（　回　延約　分）・無］　その他の業務［　　　］［看護業務、保育士については図示］ 勤務 時間　5 6 7 8 9 10 11 12 13 14 15 16 17 18 19 20 21 22						

宿・日直手当額計算基礎	当該事業場において宿・日直勤務が予定される同種労働者1人1日平均の賃金額（法第37条の割増賃金の基礎となる賃金により算定）	職　種		円	同一法人一律基準の場合の同左1人1日平均の賃金額	職　種		円
			円	円			円	円
			円	円			円	円
		平　均	円	円		平　均	円	円
		その1／3	円	円		その1／3	円	円

備考		令和　年　月　日 作成者 職氏名

（備考）申請書又は添付書類により明らかな事項は、記載を省略して差し支えない。

参考3　宿日直勤務者の賃金一覧表（月額）と記載例

宿日直勤務者の賃金一覧表（月額）

番号	氏名		年齢	基本給	諸手当	合計額：円
1	○○＊＊		30	＊＊＊,＊＊＊円	＊＊＊,＊＊＊円	650,000
2	○○＊＊		43	＊＊＊,＊＊＊円	＊＊＊,＊＊＊円	1,100,000
3	○○＊＊		45	＊＊＊,＊＊＊円	＊＊＊,＊＊＊円	1,030,000
・・・省略・・・						
8	○○＊＊		50	＊＊＊,＊＊＊円	＊＊＊,＊＊＊円	1,200,000
					賃金合計額：円	10,080,000

賃金合計額		従事者数		1人1か月平均額
10,080.000円	÷	8人	＝	1,260,000円

1人1か月平均額		1か月平均労働日数		1人1日平均額
1,260,000円	÷	21日	＝	60,000円

1人1日平均額		（3分の1）		
60,000円	÷	3	＝	20,000円

上記のとおり相違ありません。

　　　令和5年7月1日

　　　　　事業場名　　医療法人○○会RIC病院

　　　　　職氏名　　　院長　文京芳子

【記入要領】

①　申請時の賃金を記入します。

②　記載する賃金は通常の所定労働時間働いた場合に支払われる所定の賃金月額。
　（残業、休日出勤手当等所定時間外の賃金および割増賃金の計算基礎に算入しない家族手当、
　通勤手当、賞与等は記載する必要はありません。）

③　職種別に宿日直手当が定められているときは職種別に記載して下さい。

④　本用紙に書ききれないときは、同一様式で別に作成して差支えありません。

8　事例紹介

【許可事例】
（1）病棟当直等

病院	宿日直許可の対象			労働基準監督署の調査概要	
	医師数	業務	調査期間	「「通常の勤務時間と同態様の業務」の発生頻度」	
指定なし（40床）労働者数150人	勤務医14人（うち非常勤医師14人）	非常事態に備えての待機	過去1か月間	宿直勤務中の業務としては、少数の軽傷の外来患者の問診実施 発生件数は月0～3件、対応時間1件5分程度（最大で20分） 入院患者の死亡確認、搬送される救急患者（診察のみ。手続等は看護師対応）の対応があるが数か月に1回発生する程度	

ポイント！

「特殊の措置を必要としない軽度の又は短時間の業務」として定期的な病棟回診等が認められる場合がある。

（2）救急病院

病院	宿日直許可の対象			労働基準監督署の調査概要	
	医師数	業務	調査期間	「「通常の勤務時間と同態様の業務」の発生頻度」	
二次救急（200床）労働者数360人	勤務医4人、他病院からの受入医15人	非常事態に備えての待機	過去3か月間	当該病院を含めた地域の医療機関が交代で救急患者を受入れ（月1～2日、救急輪番制） 輪番日以外では軽症者のみ受入れ 入院患者の急変時の対応は、主治医の指示に基づく処方箋の発行等（1件当たり5～10分） 救急患者への対応（診察・症状説明（1件10～20分）、気管挿管、死亡確認・死亡診断書作成（1件10～15分）	

ポイント！

救急等でも対象業務が「特殊の措置を必要としない軽度の又は短時間の業務」であれば許可される場合がある。

【不許可事例】

通常業務との分離

病院	宿日直許可の対象		労働基準監督署の調査概要	
	医師数	業務	調査期間	「「通常の勤務時間と同態様の業務」の発生頻度」
二次救急 （340床）	勤務医29人	非常事態に備えての待機、文書又は電話収受等	過去1か月間	救急指定病院として月25日程度、救急患者受入 日直勤務日の14時までは時間外労働として勤務し、14時以降は宿直室に移動して待機 ほぼ毎回、14時以降も患者への治療等が複数回発生（合計約30分～2時間） 終業時刻に密着して行う短時間の断続的な労働と判断

ポイント！

　通常の勤務態様が継続している間は宿日直の許可の対象にならない。

第4章　副業・兼業を行う場合の労働時間管理

副業・兼業の労働時間管理

（1）届出制等により副業・兼業の有無、内容を確認する

（2）労基法上複数の医療機関の労働時間は通算される

（3）労働時間は、

　　①まずそれぞれの医療機関の所定労働時間を通算し、

　　②その後所定外労働時間を通算する

（4）通算した労働時間が法定労働時間を超える場合は、

　　36協定の締結・届出、割増賃金の支払が必要

　厚生労働省は、令和2年9月1日、「副業・兼業の促進に関するガイドライン」（以下「ガイドライン」といいます。）の改定版を公表しました。

　改定版ガイドラインは、副業・兼業の労働時間の通算部分を中心に詳細に記述し、労働時間管理のルールを明確化したことに加え、新たに「管理モデル」として労働時間の通算管理に関する労使双方の手続上の負担を軽減する方法が示されています。

　この章では、副業・兼業を新たに認める際の基本的な留意点に加え、労働時間の通算方法などについて、改定版ガイドラインに沿って解説します。

1　就業規則の整備

（1）副業・兼業の実施（容認）については、届出制、許可制などで対処することになりますが、就業規則等でその手続（届出・申請の時期、様式など）や禁止・制限する場合等のルールを明らかにしておくことが重要です。

　　厚生労働省では副業・兼業に関する「モデル就業規則」を示していますが、各医療機関の実態に合ったものとすることが必要ですので、この規定例を参考にして労使で十分に検討して下さい。

　　　https://www.mhlw.go.jp/content/001018385.pdf
　　　（「モデル就業規則」で検索）

　　厚生労働省の「モデル就業規則」に基づき作成した就業規則の例を参考までに次頁以降に示します。

参考 I − 1
副業・兼業に従事する場合の規定例

（副業・兼業）
第○○条　職員は、勤務時間以外において、他の医療機関等の業務に従事することができる。
2　法人は、職員からの前項の業務に従事する旨の届出に基づき、当該職員が当該業務に従事することにより次の各号のいずれかに該当する場合には、これを禁止又は制限することができる。
①　労務提供上の支障がある場合
②　法人の業務上の秘密が漏洩する場合
③　法人の名誉や信用を損なう行為や、信頼関係を破壊する行為がある場合
④　競業により、法人の利益を害する場合

（2）副業・兼業について、裁判例では、労働者が労働時間以外の時間をどのように利用するかは基本的には労働者の自由であることが示されていることから、規定例の第1項において、労働者が副業・兼業できることを明示しています。
　　なお、どのような形で副業・兼業を行う場合でも、過労等により業務に支障を来さないようにする観点から、就業時間が長時間にならないよう配慮することが望ましいです。

（3）副業・兼業を認める場合、労務提供上の支障や長時間労働を招くものとなっていないか等を確認するため、規定例の第2項において、労働者からの事前の届出により副業・兼業を把握すること及び法人が禁止・制限する場合があることを規定しています。

（4）その他、就業規則においては、届け出た事項に変更があった場合の迅速な報告等の義務及び手続等についても明記しておく方が良いでしょう。

参考 I − 2
副業・兼業の業務内容等変更時の届出等に関する規定例

（変更時の届出等）
第○○条　職員は第○○条において副業・兼業の届出（許可申請）を行った際の業務内容等に変更があった場合には、遅滞なく理事長あて届け出るとともに、必要な手続きを取らなければならない。

（副業・兼業の禁止又は制限）
第○○条　法人は、副業・兼業を行う職員が、第○○条第2項①〜④に抵触し若しくはそのおそれが生じた場合、又は法人での時間外労働時間の増加若しくは副業・兼業先での労働時間の増加等により、過重労働となるおそれが生じたと法人が判断した場合には、副業・兼業を禁止又は制限する。

2　副業・兼業の内容の確認

（1）医療機関は、一般的に、その雇用する労働者（特に医師）が副業・兼業をしていることを把握していると思われますが、その全容を把握していないことも考えられます。そのため、まずは、労働者からの申告等（次頁　参考Ⅱ－2）により、副業・兼業の実施の有無、その内容を確認することになります。

　　各医療機関においては、副業・兼業により、労働者の健康に支障を来さないか、また、禁止又は制限している事項に該当しないか等の観点から、以下の事項を事前に確認しておく必要があります。

参考Ⅱ－1

副業・兼業申請時の確認事項等

1　基本的な確認事項	
	①副業・兼業先の事業内容
	②副業・兼業先で職員が従事する業務内容
	③副業・兼業先での業務が労働時間の通算の対象となるか否かの確認
2　労働時間の通算の対象となる業務の場合に確認する事項	
	①副業・兼業先との労働契約締結年月日、契約期間
	②副業・兼業先での所定労働日、所定労働時間、始業・終業時間
	③副業・兼業先での所定外労働の有無、見込み時間数、最大時間数
	④副業・兼業先における実労働時間等の報告の手続
	⑤これらの事項について確認を行う頻度等

※資料出所　厚生労働省「副業・兼業の促進に関するガイドライン」

（２）以下に改定版ガイドラインのパンフレットが参考例として載せている「副業・兼業に関する届出」の様式例を示しています。

　この様式例を参考にして、各医療機関の実情に合わせ、必要となる報告内容等をご検討ください。

参考Ⅱ－2

副業・兼業に関する届出様式例

〇年〇月〇日

副業・兼業に関する届出

〇〇〇株式会社（事業所名称）
●●　●●　殿（使用者氏名）

　就業規則第〇条の規定（／労働契約書の記載）に基づき、私　■■　■■
（労働者氏名）は、以下のとおり、副業・兼業について届け出ます。

1　副業・兼業の形態：□　雇用　（事業所の名称等を2～5に記入）
　　　　　　　　　　　□　非雇用（業務の内容：　　　　　　　　　　　　　　）
2　事業所の名称：株式会社△△△
　　事業所の住所：◆◆県◇◇市▲▲*-*-*
3　2の事業所の事業内容：〇〇〇〇
　　従事する業務内容：〇〇〇〇
4　労働契約締結日等：〇年〇月〇日
　　契約期間：期間の定めなし　／　期間の定めあり（〇年〇月〇日～〇年〇月〇日）
5　所定労働時間等：（所定労働日）　月　火　水　木　金　㊏　㊐
　　　　　　　　　　（所定労働時間）　1日〇時間、週〇時間
　　　　　　　　　　（始業・終業時刻）　00：00 ～ 00：00
　　　　　　　　　　（上記の内容が記入されたカレンダーを別途添付するなどの方法も可。）
　　所定外労働時間：1日〇時間、週〇時間、1か月〇時間　／　なし
　（見込み）　　　　（所定外労働時間には上記2の事業所における休日労働の時間
　　　　　　　　　　も含む。また、見込みとは別に最大の時間数が定まっている
　　　　　　　　　　場合はそれぞれ括弧で記載する。）
6　確認事項　（必要に応じて労働者に確認する事項の例）
　☑　上記1～5の事項に変更があった場合、速やかに届け出ます。また、これら
　　の事項について、会社の求めがあった場合には、改めて届け出ます。
　☑　所定の方法により、必要に応じ上記2の事業所での実労働時間を報告するな
　　ど、会社の労務管理に必要な情報提供に協力します。
　　（所定の方法の例としては、時間外労働の上限規制の遵守等に支障がない限り、
　　①一週間分を週末に報告する、②所定労働時間どおり労働した場合には報告等
　　は求めず、所定外労働があった場合のみ報告する、③時間外労働の上限規制の
　　水準に近づいてきた場合に報告するなどが考えられる 。）

※資料出所　厚生労働省「副業・兼業の促進に関するガイドライン」

3　労働時間の管理

（1）労基法は、副業・兼業等で複数の事業場で労働する場合の労働時間について次のように規定しています。

＜労働時間の通算＞

> **労基法第38条**
> 　労働時間は、事業場を異にする場合においても、労働時間に関する規定の適用については通算する。

その上で、行政解釈として、

> 「『事業場を異にする場合』とは事業主を異にする場合をも含む」（昭和23年5月14日　基発第769号）

とされています。

したがって、自社（自院）の労働者が副業・兼業に従事する場合には、以下に示す参考Ⅲ-1の業種・職種を除き、使用者は副業・兼業先の労働時間を確認し、通算して管理しなければなりません。

そのため、参考Ⅱ-1（72頁）で示した事項について、副業・兼業に従事する前に労働者から報告を受け、労使双方で労働実態を確認しながら労働時間管理を進める必要があります。

以下では、労働時間の通算の方法について、厚生労働省が改定版ガイドラインで示した手法に基づいて解説していきます。

なお、常時使用する労働者が10人未満の医療機関は、現在、特例対象事業場として、週法定労働時間は44時間とされていますが、医師の副業・兼業に関わる医療機関の多くが、週法定労働時間40時間制が適用される労働者数が10人以上の医療機関であることから、以下では週法定労働時間を40時間として説明します。

（2）労働者が副業・兼業をしても、以下の「労基法が適用されない場合」「労働時間規制が適用されない場合」には、その時間の通算をする必要はありません。

ただし、労働者の健康管理という観点からは、副業・兼業先での業務によっては、自社（自院）の労働者が過重労働とならないよう適切な時間管理を行うことも必要ですので、その点にはご留意ください。

参考Ⅲ-1
副業・兼業先の就業時間を通算する必要のない業種・職種等

1	労基法が適用されない場合
	フリーランス、独立、起業、共同経営、アドバイザー、コンサルタント、顧問、理事、監事等
2	労基法は適用されるが労働時間規制が適用されない場合
	農業・畜産業・養蚕業・水産業、管理監督者・機密事務取扱者、監視・断続的労働者、高度プロフェショナル制度

※資料出所　厚生労働省「副業・兼業の促進に関するガイドライン」

（3）改定版ガイドラインでは、労基法の労働時間に関する規定のうち、他の使用者の事業場での労働時間の通算が適用される規定と適用されない規定が明記されています。

参考Ⅲ－2

副業・兼業時に通算した労働時間が適用される規定・通算されない規定一覧

＜通算した労働時間が適用される規定＞
◇法定労働時間（労基法第32条）→1日8時間、週40時間
◇時間外労働と休日労働の合計時間の上限（36協定を締結・届出しても超えられない上限　同法第36条第6項第2号、第3号）
　　　→月100時間未満　2～6か月平均80時間以内
　　　（特定医師の場合　同法第141条第3項。第5章2～4の「時間外・休日労働時間の上限」）
　　　→A水準　　月100時間未満、年960時間以内
　　　　B水準、連携B水準、C水準　月100時間未満、年1860時間以内

＜通算されない規定＞
◇36協定の時間外労働の限度時間（同法第36条第4項）→月45時間以内　年360時間以内
◇特別条項付き36協定の場合の上限（同法第36条第5項）
　　　→月100時間未満＊　年720時間＊
　　　（特定医師の場合　同法第141条第2項。第5章2～4の「特別延長時間の上限」）
　　　→A水準、連携B水準　　月100時間未満＊、年960時間以内＊
　　　　B水準、C水準　　月100時間未満＊、年1860時間以内＊
　　　＊時間外労働と休日労働の合計

＜その他の通算されない規定＞＊
◇休憩時間（労基法第34条）
◇休日（同法第35条）
◇年次有給休暇（同法第39条）

　　＊休憩時間、休日、年次有給休暇については、労働時間に関する規定ではないことから、通算されません。

4　労働時間の通算の方法①（原則的な労働時間管理）

（1）所定労働時間の通算と時間外労働（副業・兼業開始前）

　　　最初に所定内労働時間を通算し、その後で所定外労働時間を通算することになります。

　　　まず、前記2で確認した副業・兼業先の業務内容・労働時間の報告に基づき、自社（自院）の所定労働時間と副業・兼業先の所定労働時間を確認し、時間外労働となる部分があるかどうかを確認します。

　　　所定労働時間を通算した結果、法定労働時間を超える部分（以下、法定労働時間を超える部分は「法定外労働時間」といいます。）がある場合には、それが時間外労働と

なり、時間的に後から労働契約を締結した事業場（医療機関）が時間外労働を行わせたことになります。

　　ただし、労働時間の通算の順序は、副業・兼業を行う労働者との労働契約の先後にかかわらず、自社（自院）、副業・兼業先の使用者及び労働者との間で合意されることにより、変更することが可能とされています（以下の具体例は全て労働契約の先後により判断しています。）。

（２）所定外労働時間の通算の方法（副業・兼業開始後）

　　自社（自院）の所定外労働と副業・兼業先の所定外労働を所定外労働が行われる順に通算します。

　　所定内労働時間の通算は、労働契約締結の時間的な先後の順に行いますが、所定外労働時間の通算は、時間的に所定外労働が行われる順に通算することに留意してください。

　　所定外労働時間を通算した結果、法定労働時間を超える部分がある場合には、その超えた部分の労働を行わせた医療機関の時間外労働となり、割増賃金を支払う必要があります。

　　なお、月60時間を超える時間外労働については、50％以上の割増賃金を支払う必要があることに注意して下さい（第1編第2章4参照）。

（３）具体例で見る労働時間通算方法の原則

　　事業場により様々な労働実態があると思われますが、労働時間の通算の原則について、具体例を用い、以下に解説します。

【原則1：1日の所定労働時間の計が8時間を超えると時間外労働】

事業場A　時間的に**先に**労働契約を締結：1日の所定労働時間7時間（8:00〜16:00）
事業場B　時間的に**後に**労働契約を締結：1日の所定労働時間4時間（18:00〜22:00）

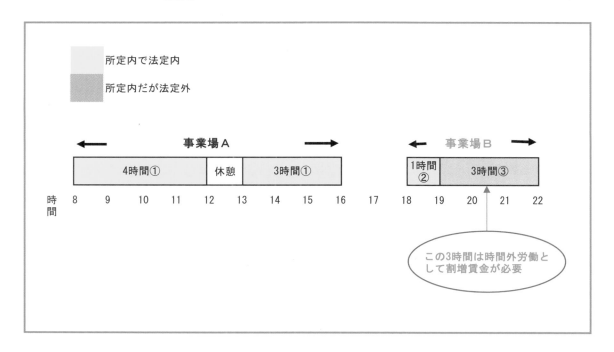

<解説>
◆1日の法定労働時間は8時間
◆事業場Aの7時間（①）＋事業場Bの1時間（②）で8時間に達する
◆事業場Bに時間外労働3時間（③）が発生。割増賃金を支払う必要
　（→7時間＋4時間−8時間＝3時間）

（ ポイント！ ）

　所定内労働時間の通算は労働契約締結の時間的な先後の順に行う。

【原則２：１日の所定労働時間の計が８時間を超えると時間外労働：所定外労働有の例】

事業場Ａ　時間的に**先に**労働契約を締結：１日の所定労働時間７時間（8:00～16:00）
事業場Ｂ　時間的に**後に**労働契約を締結：１日の所定労働時間３時間（18:00～21:00）
所定外労働の状況：事業場Ａ、Ｂに各１時間の残業有

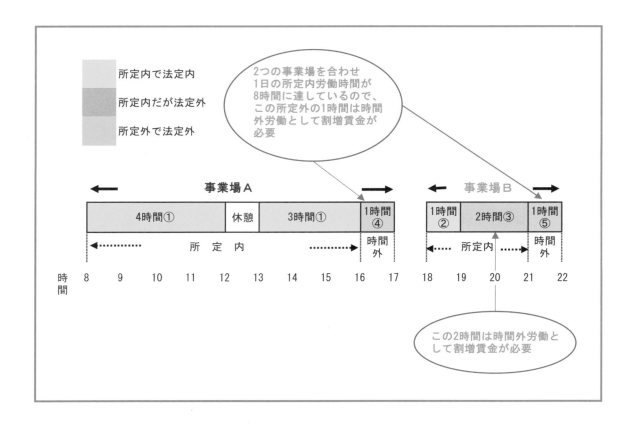

<解説>
◆所定内労働時間の通算は労働契約締結の時間的な先後の順に行い、その上で、所定外
　労働時間の通算を、時間的に所定外労働が行われる順に行う
◆事業場Ａでの１時間の残業（④）は、既に事業場ＡとＢを合わせた所定内労働時間が
　８時間に達しているので、時間外労働。割増賃金を支払う必要
　事業場Ｂでの１時間の残業（⑤）も、既に事業場ＡとＢを合わせた所定内労働時間が
　８時間に達しているので、時間外労働。割増賃金を支払う必要

ポイント！

　　所定内労働時間の通算を労働契約締結の時間的な先後の順に行った上で所定外労働時
間を時間的に所定外労働が行われる順に通算する。

【原則３：１日の所定労働時間の計が８時間を超えると時間外労働：副業先２つ】

事業場Ａ　時間的に**最初に**労働契約を締結：１日の所定労働時間４時間（8:00～12:00）
事業場Ｂ　時間的に**２番目に**労働契約を締結：１日の所定労働時間３時間（14:00～17:00）
事業場Ｃ　時間的に**最後に**労働契約を締結：１日の所定労働時間３時間（19:00～22:00）

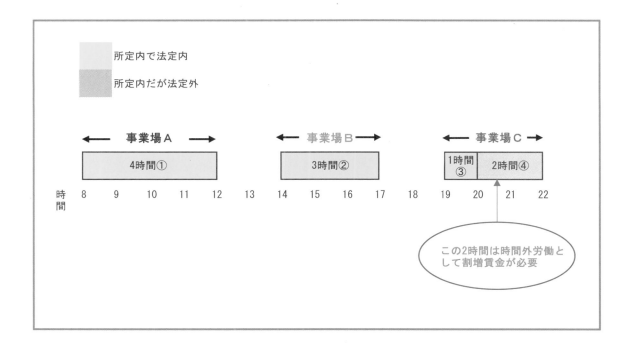

<解説>
◆１日の法定労働時間は８時間
◆事業場Ａの４時間（①）＋事業場Ｂの３時間（②）＋事業場Ｃの１時間（③）で８時間に達する
◆事業場Ｃに時間外労働２時間（④）が発生。割増賃金を支払う必要

ポイント！

　副業先が２つ以上あっても、所定内労働時間の通算は労働契約締結の時間的な先後の順に行う。

【原則４：１週間の所定労働時間の計が40時間を超えると時間外労働】

事業場A　時間的に**先**に労働契約を締結
　　　　　月、水、木、金、土勤務：各日の所定労働時間8時間（8:00 ～ 17:00）
　　　　　１週間の所定労働時間40時間
事業場B　時間的に**後**に労働契約を締結
　　　　　火勤務：所定労働時間8時間（8:00 ～ 17:00）

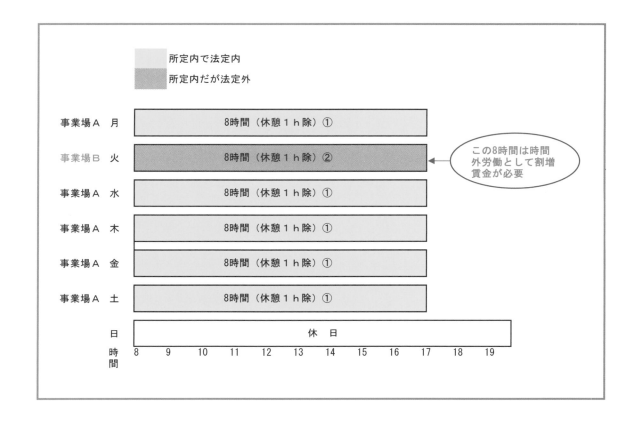

<解説>
◆１週間の法定労働時間は40時間
◆所定内労働時間の通算は労働契約締結の時間的な先後の順に行う
◆事業場Aの月、水、木、金、土の所定内労働時間は、計40時間に達する
◆事業場Bの火曜日の労働時間（②）は、所定内か否かにかかわらず全て時間外労働となり、8時間について割増賃金を支払う必要

ポイント！

　所定内労働時間の通算は労働契約締結の時間的な先後の順に行う。

【原則５：１週間の所定労働時間の計が 40 時間を超えると時間外労働：副業先２つ】

事業場Ａ　時間的に**最初に**労働契約を締結
　　　　　月、水、木、金勤務：各日の所定労働時間８時間（8:00 ～ 17:00）
　　　　　１週間の所定労働時間 32 時間
事業場Ｂ　時間的に**２番目に**労働契約を締結
　　　　　火勤務：所定労働時間８時間（8:00 ～ 17:00）
事業場Ｃ　時間的に**最後に**労働契約を締結
　　　　　土勤務：所定労働時間８時間（8:00 ～ 17:00）

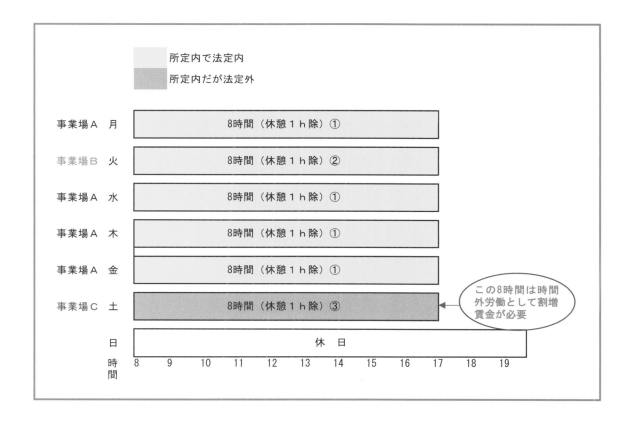

<解説>
◆１週間の法定労働時間は 40 時間
◆所定内労働時間の通算は労働契約締結の時間的な先後の順に行う
◆事業場Ａの月、水、木、金の所定内労働時間の計は 32 時間、事業場Ｂの火曜日の所
　定労働時間は８時間であり、ＡとＢを通算すると 40 時間に達する
◆事業場Ｃの土曜日の労働時間（③）は、所定内か否かにかかわらず全て時間外労働と
　なり、８時間について割増賃金を支払う必要

ポイント！

　　副業先が２つ以上あっても、所定内労働時間の通算は労働契約締結の時間的な先後の
　順に行う。

【原則6：1週間の所定労働時間の計が 40 時間を超えると時間外労働：所定外労働有の例】

事業場A　時間的に**先に**労働契約を締結
　　　　　月、水、金、土勤務：各日の所定労働時間8時間（8:00 ～ 17:00）
　　　　　1週間の所定労働時間 32 時間
事業場B　時間的に**後に**労働契約を締結
　　　　　火勤務：所定労働時間8時間（8:00 ～ 17:00）
所定外労働の状況：事業場Aに、月曜日に2時間の残業有

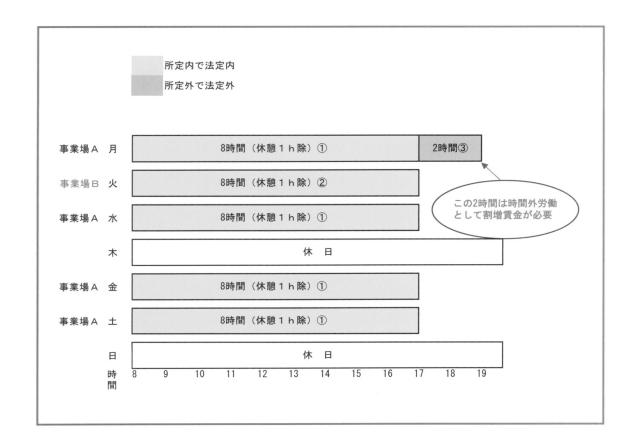

＜解説＞
◆所定内労働時間の通算は労働契約締結の時間的な先後の順に行うが、所定外労働時間の通算は、時間的に所定外労働が行われる順に通算する。
◆事業場AとBの所定内労働時間は計 40 時間（①＋②）である。
◆事業場Aでの2時間の残業（③）は、週の所定内労働時間が 40 時間に達しているので、時間外労働となり、割増賃金を支払う必要

ポイント！

　所定内労働時間の通算を労働契約締結の時間的な先後の順に行った上で所定外労働時間を時間的に所定外労働が行われる順に通算する。

（４）医療機関における労働時間通算方法の具体例
　　　医療機関により様々な実態があると思われますが、労働時間の通算について、**医療機関の実情に即して**、具体例を用い以下に解説します。

【病院例１】 副業・兼業先が１つの場合：所定外労働無
　　病院Ａ　時間的に**先に**労働契約を締結、所定労働時間７時間（9:00 ～ 17:00）
　　病院Ｂ　時間的に**後に**労働契約を締結、所定労働時間３時間（19:00 ～ 22:00）
　　月曜日から金曜日に勤務

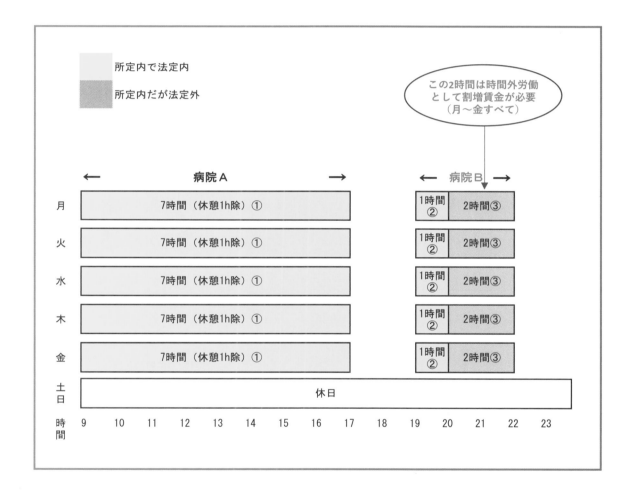

<解説>
◆所定内労働時間の通算は労働契約締結の時間的な先後の順に行う
◆１日の法定労働時間は８時間
◆病院Ａの７時間（①）＋病院Ｂの１時間（②）で８時間となるので、病院Ｂの各日に時間外労働２時間（③）が発生。割増賃金を支払う必要

【病院例1の2】 例1の場合で所定外労働有

病院A　時間的に**先に**労働契約を締結、所定労働時間7時間（9:00～17:00）

病院B　時間的に**後に**労働契約を締結、所定労働時間3時間（19:00～22:00）

月曜日から金曜日に勤務。月曜日に病院Aで1時間、木曜日に病院Bで1時間、金曜日に病院A、病院Bで各1時間の残業

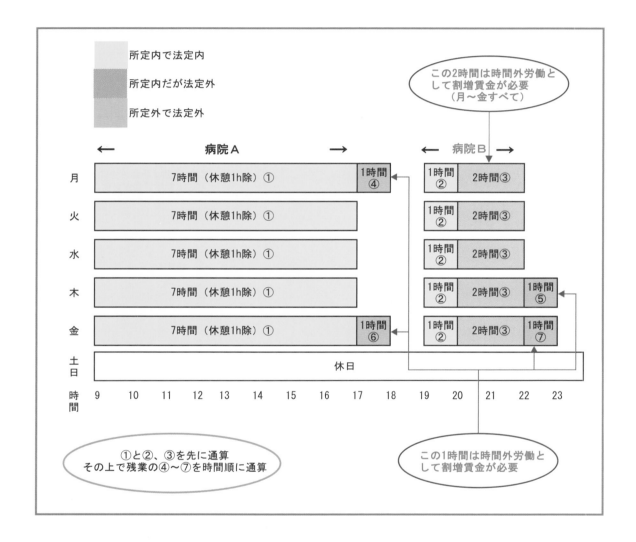

<解説>

◆所定内労働時間の通算は労働契約締結の時間的な先後の順に行い、その上で、所定外労働時間の通算は、時間的に所定外労働が行われる順に通算

◆病院Aの7時間（①）＋病院Bの1時間（②）で8時間となるので、病院Bの各日に時間外労働2時間（③）が発生。割増賃金を支払う必要

◆月曜日の病院Aでの残業（④）、木曜日の病院Bでの残業（⑤）、金曜日の病院Aでの残業（⑥）、病院Bでの残業（⑦）は、既に週の所定内労働時間が40時間（病院Aの7時間（①）×5＋病院Bの1時間（②）×5）に達しているので、時間外労働となる。割増賃金を支払う必要

（☆22時から23時までの1時間は深夜労働割増賃金の対象でもある）

【病院例2】 副業・兼業先が1つで、曜日により勤務先が異なる場合

病院A　時間的に**先に**労働契約を締結　所定労働時間8時間（9:00 ～ 18:00）
　　　　月、水、木、金勤務。水曜日に2時間残業
病院B　時間的に**後に**労働契約を締結　所定労働時間3時間（9:00 ～ 12:00）
　　　　火、土勤務。火曜、土曜日に2時間残業

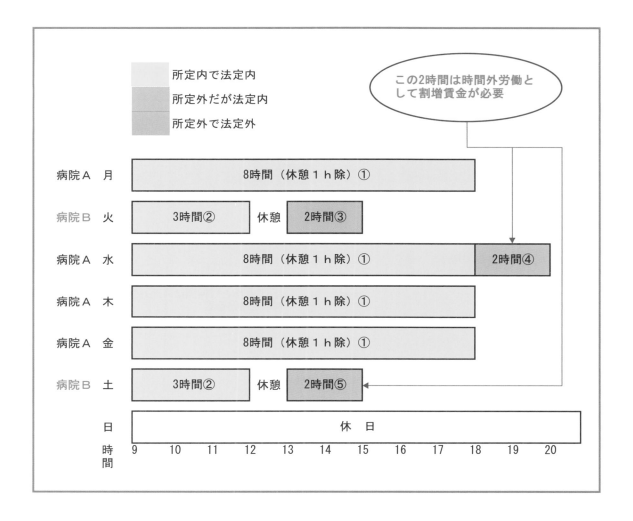

＜解説＞
◆所定内労働時間の通算は労働契約締結の時間的な先後の順に行い、その上で、所定外労働時間の通算は、時間的に所定外労働が行われる順に通算
◆病院Aの1週間の所定内労働時間は32時間（①）なので、病院Bの火曜日、土曜日の午前の各3時間（②）の所定労働時間は、法定外労働には該当しない
◆病院Aと病院Bの所定内労働時間の計は38時間（32時間（①）＋6時間（②））。火曜日の病院Bでの午後の2時間（③）の残業は、40時間以内におさまるため、法定外労働には該当しない
◆病院Aの水曜日午後の2時間（④）の残業は、既に火曜日午後の病院Bの2時間（⑤）の残業で40時間に達しているので、時間外労働になる。割増賃金を支払う必要
同様に、病院Bの土曜日午後の2時間（⑤）の残業も時間外労働になる。割増賃金を支払う必要

【病院例3】 副業・兼業先が1つで、曜日により勤務先が異なる場合：宿直有

病院A　時間的に**先に**労働契約を締結　所定労働時間8時間（9:00 ～ 18:00）
　　　　月・水・木・金勤務。水曜日に2時間残業
病院B　時間的に**後に**労働契約を締結　所定労働時間8時間（9:00 ～ 18:00）
　　　　火、土勤務。火曜日の夜に宿直勤務（<u>宿日直許可無</u>）

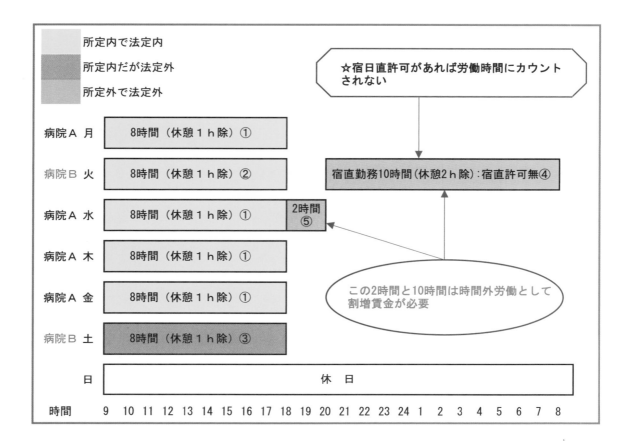

<解説>
◆所定内労働時間の通算は労働契約締結の時間的な先後の順に行い、その上で、所定外労働時間の通算は、時間的に所定外労働が行われる順に通算
◆病院Aの1週間の所定内労働時間は32時間（①）なので、病院Bの火曜日の8時間（②）の所定労働時間は、法定外労働には該当しない
◆病院Bの土曜日の8時間（③）の所定労働時間は、既に火曜日の病院Bの所定の午後6時までの勤務で、AとBを通算し40時間に達しているので、所定内労働だが、法定外労働の時間外労働。割増賃金を支払う必要
◆火曜日の午後8時から翌水曜日の午前8時まで宿直勤務（④）（休憩時間を除く10時間）は時間外労働。割増賃金（深夜労働割増賃金も含む）を支払う必要
◆宿日直許可がある場合は、宿直業務は労働時間としてカウントされないので、時間外労働の対象にはならない（＊宿直手当の支払いとなる。ただし、宿直中に通常の診療業務を行った場合にはその時間については労働時間としてカウントされ、宿直手当とは別に割増賃金の支払いが必要）
◆病院Aの水曜日午後の2時間（⑤）の残業は、既に病院Bの火曜日の所定勤務と合わせ、所定内労働時間が40時間に達しているので、法定外の時間外労働。割増賃金を支払う必要

【病院例4】 副業・兼業先が2つの場合

病院Ａ　時間的に**最初に**労働契約を締結　所定労働時間4時間（8:00～12:00）
　　　　月・火・水・木・金勤務

病院Ｂ　時間的に**2番目に**労働契約を締結　所定労働時間3時間（14:00～17:00）
　　　　月・火・水・木・金勤務。火曜日、水曜日に1時間、木曜日に2時間残業

病院Ｃ　時間的に**最後に**労働契約を締結　所定労働時間3時間（19:00～22:00）
　　　　月・火・金勤務。金曜日に1時間残業

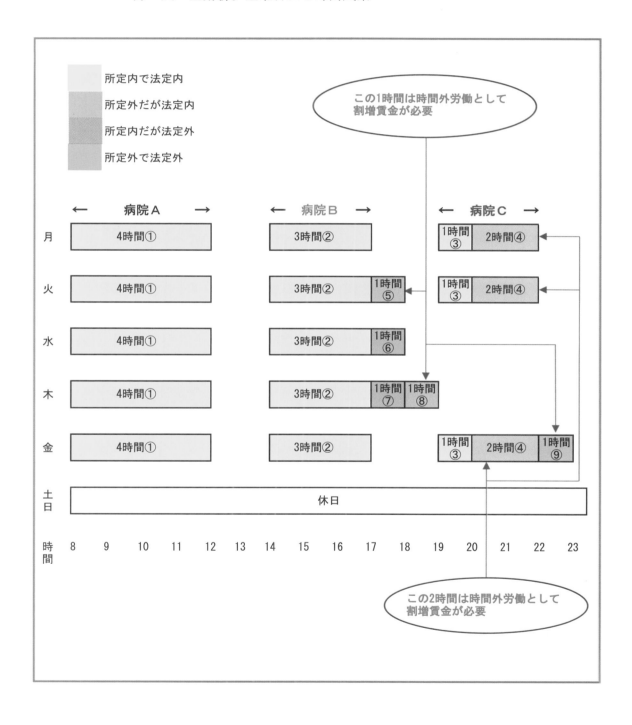

<解説>
◆所定内労働時間の通算は労働契約締結の時間的な先後の順に行い、その上で、所定外労働時間の通算は、時間的に所定外労働が行われる順に通算
◆病院Aの所定労働時間（①）は1日4時間、週20時間（4時間×5日）、病院Bの所定労働時間（②）は1日3時間、週15時間（3時間×5日）。病院Aと病院Bの所定労働時間計は35時間
◆病院Cの月、火、金曜日の3時間の所定労働は、最初の1時間（③）は、1日8時間（①＋②＋③）以内、1週40時間以内なので法定内労働。残る2時間（④）はその日の労働時間が8時間に達しているため、法定外の時間外労働となり、割増賃金を支払う必要
◆病院Bの火曜日の1時間の残業（⑤）は、その日の3つの病院の所定内労働時間の計が8時間に達しているため、法定外の時間外労働。割増賃金を支払う必要
◆病院Bの水曜日の1時間の残業（⑥）は、その日の病院Aと病院Bの所定内労働の計が7時間であり、また3つの病院の週の所定内労働時間が38時間（月～金の①②③）であり、40時間に達していないので、法定内労働
◆病院Bの木曜日の2時間の残業のうち最初の1時間（⑦）は、水曜日と法定内労働。残る1時間（⑧）は、1日の労働時間が8時間に達しており法定外の時間外労働となり、割増賃金を支払う必要
◆病院Cの金曜日の1時間の残業（⑨）は、法定外の時間外労働となり、割増賃金を支払う必要。併せて深夜労働の割増賃金も支払う必要

5　労働時間の通算の方法②（簡便な労働時間管理）【管理モデル】

　改定版のガイドラインでは、簡便な労働時間管理の方法として、新たに「管理モデル」が示され、これに基づいて労働時間管理を行う場合には、前項4で示した実労働時間による労働時間管理は不要としています。

（1）「管理モデル」とは？

　管理モデルにより労働時間管理を行う場合には、以下の手順を踏む必要があります（以下、副業・兼業を行う労働者と時間的に先に労働契約を締結していた使用者を「使用者A」、時間的に後から労働契約を締結した使用者を「使用者B」とします。）。

---

①使用者Bのもとで副業・兼業を行おうとする労働者に対して、使用者Aが「管理モデル」により副業・兼業を行うよう求め、労働者及び労働者を通じて使用者Bがこれに応じることを承諾することで導入される。

②副業・兼業開始前に、使用者Aの事業場における1か月の法定外労働時間と使用者Bの事業場における1か月の全ての労働時間（所定労働時間＋所定外労働時間）の合計が、単月100時間未満、複数月平均80時間以内となる範囲内で、使用者A及び使用者Bの事業場での労働時間の上限をそれぞれ設定する。

③副業・兼業の開始後は、各々の使用者が2で設定した労働時間の範囲内で労働させる。

④使用者Aは自らの事業場における法定外労働時間について、使用者Bは自らの事業場における労働時間（所定労働時間＋所定外労働時間）について、それぞれの36協定の延長時間の範囲内とし、割増賃金*を支払う。

　　　　　　＊使用者Bは法定内労働時間であっても割増賃金を支払うことになります。

＊医師は、第1章で示したように一般の労働者とは異なる時間外労働の上限規制が適用されますが、管理モデルを導入する場合は、一般の労働者に適用される上限規制の枠内とすることが前提となります。

（2）「管理モデル」採用のメリット

　使用者A及びBは「管理モデル」を採用することにより、副業・兼業開始後において、それぞれあらかじめ設定した労働時間の範囲内で労働させる限り、他の使用者の事業場における実労働時間の把握をしなくても、労基法を遵守することになりますし、事務の簡素化になります。

（3）管理モデルのイメージ図
　　　厚生労働省は、前頁の「管理モデル」を以下のイメージで説明しています。

【Aに所定外労働がある場合】

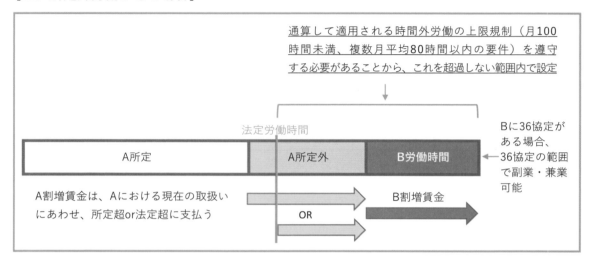

【Aに所定外労働がない場合】

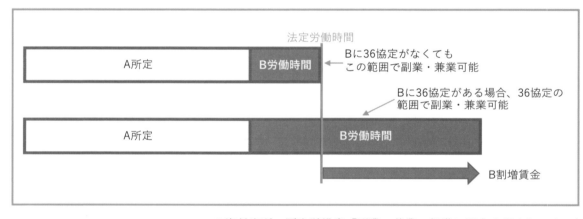

※資料出所　厚生労働省「副業・兼業の促進に関するガイドライン」

（4）「管理モデル」導入の際の留意点
　　　「管理モデル」は、副業・兼業を行う労働者が、使用者Aの下で「管理モデル」により設定された時間を働くことが前提になっていますので、**使用者Aでの労働時間が法定労働時間を超えないことが明確である場合を除き、使用者Bは当初から自らの事業場での労働時間の全てに対して割増賃金の支払いが必要**となります。
　　　したがって、使用者Bは「管理モデル」導入に当たっては、労働時間管理が容易になる一方で、コスト高が生じることがあることを認識した上で、導入の可否を十分に検討することが必要です。
　　　また、管理モデルは、前述したように、一般の労働者に適用される時間外労働の上限規制の枠内で設定することが必要とされているため、そもそも使用者Aの1か月の時間外労働と使用者Bの1か月の労働時間（所定＋所定外）が恒常的に80時間を超えるような労働時間となる医師には適用できません。

6 労災保険の給付

（1）労災保険給付額の算定方法の変更（賃金額の合算）

　　副業・兼業に従事していた労働者が業務により死傷した場合、労災保険給付額については、これまでは災害発生先事業場（参考Ⅵ－1では会社B）での賃金分のみで算定していましたが、法改正（令和2年9月1日施行）により、非災害発生事業場（同会社A）の賃金額も合算して算定することになりました。

参考Ⅵ－1　労災保険給付額算定方法の変更（賃金額の合算）

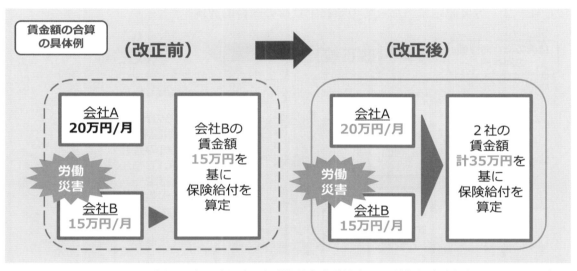

※資料出所　厚生労働省「複数事業労働者への労災保険給付」分かりやすい解説

（2）労災認定（業務上外決定）の際の「業務上の負荷の総合的評価」

　　副業・兼業に従事していた労働者に発症した「脳・心臓疾患」や「精神障害等」の労災認定に当たっては、従来、労働基準監督署は、会社Ａ、会社Ｂそれぞれの事業場での労働時間、心理的負荷等を調査し、それぞれの業務上の負荷と発症との因果関係を判断してきましたが、法改正（令和２年９月１日施行）により、副業・兼業先を含む全ての事業場の業務に関係した負荷を総合的に評価して判断することになりました。

参考Ⅵ−2　労災認定に当たっての業務上負荷の総合的評価

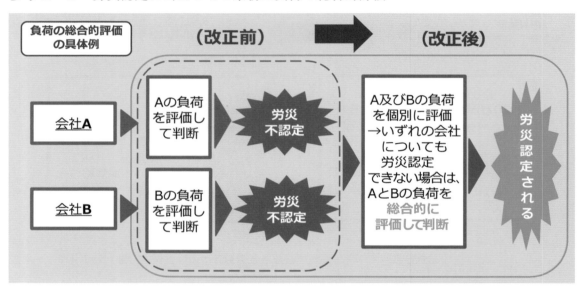

※資料出所　厚生労働省「複数事業労働者への労災保険給付」分かりやすい解説

第5章　医師の時間外労働の上限規制

診療を行う医師の時間外・休日労働の上限

　○通常の時間外労働の上限時間（休日労働を含まない）

　　　・月45時間以内、年360時間以内

　○臨時的な特別の事情がある場合の上限時間（休日労働を含む）

　　◆A水準（一般の診療従事勤務医の水準）

　　　・年960時間以内、月100時間未満（例外あり）

　　◆B水準・連携B水準（特定地域医療提供機関・連携型特定地域医療提供機関としての指定を受けた医療機関で、当該指定に係る業務に従事する医師の水準）

　　　・年1860時間以内、月100時間未満（例外あり）

　　　（連携B水準の個々の医療機関は年960時間以内）

　　◆C水準（技能向上集中研修機関・特定高度技能研修機関としての指定を受けた医療機関で、当該指定に係る業務に従事する医師の水準）

　　　・年1860時間以内、月100時間未満（例外あり）

1 特定医師

　医師の時間外労働・休日労働の上限規制については、病院、診療所、介護老人施設、介護医療院で勤務する医師を「特定医師」として対象としています。

　病院や診療所で勤務する医師であっても、患者への診療を直接の目的とする業務を行わない医師は対象としていません。

　このため、患者への診療を直接の目的とする業務を行わない医師（産業医、健診センターの医師、裁量労働制（大学における教授研究等）が適用される医師等）については、一般の労働者と同様の時間外・休日労働の上限規制（第1編第2章2参照）が適用されることになります。

（参考）
一般の労働者の時間外・休日労働の上限規制

36協定を締結・届出して時間外労働を行わせる場合でも、時間外労働の上限は
①原則
　　1か月45時間以内（時間外労働の上限）
　　1年360時間以内（時間外労働の上限）
②臨時的な特別の事情がある場合（特別条項付き36協定を締結）
　　1か月100時間未満（時間外労働と休日労働の合計時間）
　　1年720時間以内（時間外労働の上限）
　　月の限度時間45時間を超えることができるのは年6か月まで
③特別条項付き協定の有無にかかわらず
　　1か月100時間未満（時間外労働と休日労働の合計時間）
　　2～6か月平均80時間以内（時間外労働と休日労働の合計時間）
とされています。

2　A水準の特定医師の時間外労働の上限規制

（1）A水準の特定医師

　　　医療法の規定に基づいて、この章の3及び4で解説する「B水準」、「連携B水準」、「C－1水準」及び「C－2水準」のどの指定も受けていない医療機関に勤務する特定医師が対象となります。

（2）36協定で締結可能な労働時間数の上限

　①　限度時間（時間外労働の上限）

　　　A水準の特定医師については、通常予見される時間外労働として、36協定を締結・届出した場合でも、時間外労働の上限は、医師についても一般労働者と同等の働き方を目指すという視点に立って、月45時間、年360時間とされています。

　②　特別条項付き36協定の場合の上限（特別延長時間の上限）

　　　36協定に特別条項を設け、臨時的に延長することが可能な時間数の上限（以下「特別延長時間の上限」といいます。）については、「血管病変等を著しく増悪させる業務による脳血管疾患及び虚血性心疾患等の認定基準」（脳・心臓疾患の労災認定基準）における時間外労働の水準を考慮し、時間外労働と休日労働時間を合計して、1か月について100時間未満及び1年960時間とされています。

　　　ただし、人命を預かるという医療の特性から、やむを得ず、時間外労働の上限を超えて医師が働かざるを得ない場合も想定されることから、36協定において、次頁（4）の①～③の面接指導等に関する事項を定めた場合には、

　　　　「1か月について100時間未満及び1年について960時間」ではなく、

　　　　「1年について960時間」*

　　となります。

　　　なお、1か月について限度時間を超えて労働することができる月数の規制は設けられていません。（B水準・連携B水準、C水準において同じです。）

　　　＊「1か月について100時間未満」の規制がなくなります。

（3）労働させることができる労働時間数の上限

　　　36協定を締結・届出して労働時間を延長して労働させ、又は休日労働させる場合であっても超えてはならない時間の上限（以下「時間外・休日労働時間の上限」といいます。）については、1か月について100時間未満及び1年について960時間です。

　　　ただし、特別延長時間の上限と同じように、人命を預かるという医療の特性から、やむを得ず、時間外労働の上限を超えて医師が働かざるを得ない場合も想定されることから、次頁（4）の①の面接指導及び③の労働時間短縮、宿直の回数の減少等の適切な措置が講じられた特定医師については、

　　　　「1か月について100時間未満及び1年について960時間」ではなく、

　　　　「1年について960時間」*

　　となります。

　　　＊「1か月について100時間未満」の規制がなくなります。

（4）特別条項付き36協定で定める事項

　　A水準の特定医師に関する特別条項付き36協定においては、1か月に時間外・休日労働が100時間以上となることが見込まれる場合には次の①～③に関する事項を、また、1か月に時間外・休日労働が155時間を超えることが見込まれる場合には④に関する事項も定める必要があります。

① 厚生労働大臣が定める要件に該当する面接指導を行うこと。

② 面接指導を受けた特定医師の健康を保持するための必要な措置に関して、遅滞なく、面接指導を担当した医師の意見を医療機関の管理者（病院長、施設長等）に聴かせること。

③ 面接指導を受けた特定医師の実情を考慮して、医療機関の管理者は、遅滞なく、労働時間の短縮、宿直の回数の減少等の適切な措置を講じること。

④ 医療機関の管理者は、労働時間の短縮のために必要な措置を遅滞なく講じること。

　　このほか、特定医師に関する36協定の協定事項や届出様式については、「第5章8 医療機関の36協定」を参照してください。

	A水準の特定医師
限度時間（時間外労働の上限）	・1か月45時間以内 ・1年360時間以内
【特別延長時間の上限】 36協定で臨時的に延長できる労働時間数の上限（時間外労働と休日労働の合計時間）	・1か月100時間未満 ・1年960時間以内 ・・・・・・・・・・・・・・・・・ ・36協定で面接指導等に関する事項を定めた場合には1年960時間以内（1か月の規制なし）＊1
【時間外・休日労働時間の上限】 労働させることができる労働時間数の上限（時間外労働と休日労働の合計時間）	・1か月100時間未満 ・1年960時間以内 ・・・・・・・・・・・・・・・・・ ・36協定で定めた面接指導等を実施した場合には1年960時間以内（1か月の規制なし）＊2

＊1　上記（4）①～③の面接指導等に関する事項を36協定で定めた場合の上限

＊2　上記（4）①及び③の措置が講じられた特定医師が対象となります。

　　なお、①の面接指導が行われないまま月100時間以上の時間外・休日労働をさせた場合は、当該労働が36協定で定めた「特別延長時間の上限」の範囲内であったとしても、労基法第141条第3項違反となります。（「特別延長時間の上限」を超えて労働させた場合には、労基法第32条違反にもなります。）

3　Ｂ水準及び連携Ｂ水準の特定医師の時間外労働の上限規制

（１）Ｂ水準の特定医師及び連携Ｂ水準の特定医師

　　①　Ｂ水準の特定医師

　　　　医療法の規定に基づき、特定地域医療提供機関として指定されている病院又は診療所において、救急医療の提供、居宅等における医療の提供又は当該医療機関以外で提供することが困難な医療の提供その他地域における医療の確保のために必要な機能に係る業務に従事する特定医師が対象となります。

　　②　連携Ｂ水準の特定医師

　　　　医療法の規定に基づき、連携型地域医療提供機関として指定されている病院又は診療所から他の病院又は診療所に派遣される特定医師が対象となります。

（２）36協定で締結可能な労働時間数の上限

　　①　限度時間（時間外労働の上限）

　　　　Ｂ水準の特定医師及び連携Ｂ水準の特定医師の限度時間については、Ａ水準の特定医師と同様に、原則として月45時間、年360時間とされています。

　　②　特別条項付き36協定の場合の上限（特別延長時間の上限）

　　　　特別延長時間の上限については、Ｂ水準の特定医師については１か月について100時間未満及び１年について1860時間、連携Ｂ水準の特定医師については１か月について100時間未満及び１年について960時間が適用されますが、36協定において下記５（101頁）の①〜③の面接指導等に関する事項を定めた場合には、Ｂ水準の特定医師及び連携Ｂ水準の特定医師ともに、「１か月について100時間未満」の規制がなくなり、Ｂ水準の特定医師については１年について1860時間、連携Ｂ水準の特定医師については、１年について960時間となります。

（３）労働させることができる労働時間数の上限

　　　Ｂ水準の特定医師及び連携Ｂ水準の特定医師について、時間外・休日労働時間の上限は、１か月について100時間未満及び１年について1860時間です。

　　　そして、下記５（101頁）の①の面接指導及び③の労働時間短縮、宿直の回数の減少等の適切な措置が講じられた特定医師については、

　　　「１か月について100時間未満及び１年について1860時間」ではなく、

　　　「１年について1860時間」

　　　となります。

	B 水準の特定医師	連携 B 水準の特定医師
限度時間 （時間外労働の上限）	・1 か月 45 時間以内 ・1 年 360 時間以内	同　左
【特別延長時間の上限】 36 協定で臨時的に延長できる労働時間数の上限 （時間外労働と休日労働の合計時間）	・1 か月 100 時間未満 ・1 年 1860 時間以内 ⋯⋯⋯⋯⋯⋯⋯⋯⋯⋯ ・36 協定で面接指導等に関する事項を定めた場合には 1 年 1860 時間以内（1 か月の規制なし）*1	・1 か月 100 時間未満 ・1 年 960 時間以内 ⋯⋯⋯⋯⋯⋯⋯⋯⋯⋯ ・36 協定で面接指導等に関する事項を定めた場合には 1 年 960 時間以内（1 か月の規制なし）*1
【時間外・休日労働時間の上限】 労働させることができる労働時間数の上限 （時間外労働と休日労働の合計時間）	・1 か月 100 時間未満 ・1 年 1860 時間以内 ⋯⋯⋯⋯⋯⋯⋯⋯⋯⋯ ・36 協定で定めた面接指導等を実施した場合には、1 年 1860 時間以内（1 か月の規制なし）*2	同　左 ⋯⋯⋯⋯⋯⋯⋯⋯⋯⋯ 同　左

＊1　　下記 5（101 頁）①～③の面接指導等に関する事項を 36 協定で定めた場合の上限

＊2　　下記 5（101 頁）①及び③の措置が講じられた特定医師が対象となります。

　　　なお、①の面接指導が行われないまま月 100 時間以上の時間外・休日労働をさせた場合は、当該労働が 36 協定で定めた「特別延長時間の上限」の範囲内であったとしても、労基法第 141 条第 3 項違反となります。（「特別延長時間の上限」を超えて労働させた場合には、労基法第 32 条違反にもなります。）

4　C－1水準及びC－2水準の特定医師の時間外労働の上限規制

（1）C－1水準の特定医師及びC－2水準の特定医師

　　①　C－1水準の特定医師

　　　　医療法の規定に基づき技能向上集中研修機関として指定されている医療機関において、当該指定に係る業務に従事する特定医師が対象となります。

　　　　具体的には、臨床研修病院については、臨床研修に係る業務であって、一定期間、集中的に診療を行うことによって基本的な診療能力を身につけるために当該業務に従事する医師の時間外・休日労働が1年について960時間を超える必要があると認められる業務に従事する特定医師が対象です。

　　　　また、専門研修を行う病院又は診療所については、専門研修に係る業務であって、一定期間、集中的に診療を行うことにより最新の知見及び技能を習得するために当該業務に従事する医師の時間外・休日労働が1年について960時間を超える必要があると認められる業務に従事する特定医師が対象です。

　　②　C－2水準の特定医師

　　　　医療法の規定に基づき特定高度技能研修機関として指定されている病院又は診療所において、当該指定に係る業務に従事する特定医師が対象となります。

　　　　具体的には、高度な技能の習得に関する計画が作成された医師で、当該技能の習得のため研修を受けることが適当であることについて厚生労働大臣の確認を受けた医師について、高度な技能習得のための研修に係る業務であって、当該業務に従事する医師の時間外・休日労働が1年について960時間を超える必要があると認められる業務に従事する特定医師が対象です。

（2）36協定で締結可能な労働時間数の上限

　　①　限度時間（時間外労働の上限）

　　　　C－1水準の特定医師及びC－2水準の特定医師の限度時間については、他の水準の特定医師と同様に、原則として月45時間、年360時間とされています。

　　②　特別条項付き36協定の場合の上限（特別延長時間の上限）

　　　　特別延長時間については、C－1水準の特定医師及びC－2水準の特定医師については1か月について100時間未満及び1年について1860時間が適用されますが、36協定において下記5（101頁）の①～③の面接指導等に関する事項を定めた場合には、「1カ月について100時間未満」の規制がなくなり、1年について1860時間となります。

（3）労働させることができる労働時間数の上限

　　　　C－1水準の特定医師及びC－2水準の特定医師について、実際に働くことが可能な時間外・休日労働時間の上限はともに、1カ月について100時間未満及び1年について1860時間となります。そして、下記5（101頁）の①の面接指導及び③の労働時間短縮、宿直の回数の減少等の適切な措置が講じられた特定医師については、

　　　　「1か月について100時間未満及び1年について1860時間」ではなく、

　　　　「1年について1860時間」

　　　となります。

	C－1水準及びC－2水準の特定医師
限度時間 （時間外労働の上限）	・1か月45時間以内 ・1年360時間以内
【特別延長時間の上限】 36協定で臨時的に延長できる 労働時間数の上限 （時間外労働と休日労働の合計 時間）	・1か月100時間未満 ・1年1860時間以内 - - - - - - - - - - - - - - - - - - - ・36協定で面接指導等に関する事項を定めた場合には 　1年1860時間以内（1か月の規制なし）＊1
【時間外・休日労働時間の上限】 労働させることができる労働時 間数の上限 （時間外労働と休日労働の合計 時間）	・1か月100時間未満 ・1年1860時間以内 - - - - - - - - - - - - - - - - - - - ・36協定で定めた面接指導等を実施した場合には、1 　年1860時間以内（1か月の規制なし）＊2

＊1　次頁5①～③の面接指導等に関する事項を36協定で定めた場合の上限

＊2　次頁5①及び③の措置が講じられた特定医師が対象となります。

　　なお、①の面接指導が行われないまま月100時間以上の時間外・休日労働をさせ
た場合は、当該労働が36協定で定めた「特別延長時間の上限」の範囲内であったと
しても、労基法第141条第3項違反となります。（「特別延長時間の上限」を超えて
労働させた場合には、労基法第32条違反にもなります。）

5　B・C水準の特定医師に係る特別条項付き36協定で定める事項

　B水準・連携B水準及びC－1水準・C－2水準の特定医師に関する特別条項付き36協定においては、1か月に時間外・休日労働が100時間以上となることが見込まれる場合には次の①～③に関する事項を、また、1か月に時間外・休日労働が155時間を超えることが見込まれる場合には④に関する事項を、さらに、1年の時間外・休日労働時間が960時間を超えることが見込まれる場合には⑤に関する事項も定める必要があります。

①　特定医師に対して、厚生労働大臣が定める要件に該当する面接指導を行うこと。

②　①の面接指導を受けた特定医師の健康を保持するための必要な措置に関して、医療機関の管理者は遅滞なく、面接を担当した医師の意見を聴くこと。

③　面接指導を行った医師の意見を勘案して、必要に応じて、面接指導を受けた特定医師の実情を考慮して、医療機関の管理者は、遅滞なく、労働時間の短縮、宿直の回数の減少等の適切な措置を講じること。

④　特定医師に対して、医療機関の管理者は、労働時間の短縮のために必要な措置を遅滞なく講じること。

⑤　特定医師に対して、勤務間インターバルの確保等により、休息時間を確保すること。

　このほか、特定医師に関する36協定の協定事項や届出様式については、「第2編第5章8　医療機関の36協定」を参照してください。

　なお、B・C水準の指定がないにもかかわらず、当該水準に関する36協定を締結した場合には、法に適合しない内容を定めた36協定として、一般条項及び特別条項が全体として無効となりますので、注意が必要です。

6 複数の医療機関で就労する場合の時間外・休日労働時間の上限

　特定医師が副業・兼業などによって複数の医療機関で就労する場合、労働時間は通算しなければなりません。このため、本務となる医療機関で把握した特定医師の労働時間と特定医師からの自己申告等で把握した他の医療機関の労働時間を適切に把握し、管理する必要があります（「第2編第4章　副業・兼業を行う場合の労働時間管理」参照）。

　下の表は特定医師が他の医療機関において就労する場合の時間外・休日労働時間の上限を整理したものです（本務と副業・兼業先の各医療機関の時間外・休日労働時間を通算して、下表の時間の範囲内にしなければなりません。）。

　なお、特定医師が複数の医療機関で就労する場合でも、本務の医療機関と副業・兼業先の医療機関それぞれにおける時間外・休日労働時間については、各医療機関の36協定において定める時間の範囲内とする必要があります。

　例えば、本務の医療機関でA水準の特定医師として就労する者が、副業・兼業先の医療機関でA水準の特定医師として勤務した場合、それぞれの医療機関における労働時間を通算して1年について960時間まで時間外・休日労働することができます。

　一方、本務の医療機関においてA水準の特定医師として勤務する者が、副業・兼業先で「B水準」、「連携B水準」、「C-1水準」又は「C-2水準」の特定医師として勤務した場合、当該医師については、本務及び副業・兼業先の医療機関の労働時間を通算して「1年について1860時間」まで時間外・休日労働することができます。

　ただし、本務の医療機関における時間外・休日労働時間は、本務の医療機関の36協定の範囲内（1年960時間以内）としなければならないことに留意する必要があります。

　この点は、他の医療機関に派遣される連携B水準の特定医師の場合も同様であり、本務及び副業・兼業先の医療機関の労働時間を通算して「1年について1860時間」まで時間外・休日労働することができますが、本務の医療機関における時間外・休日労働時間は、本務の医療機関の36協定の範囲内（1年960時間以内）としなければなりません。

副業・兼業先 本　　務	A水準の特定医師として就労	B水準、連携B水準、C-1、又はC-2の特定医師として就労
A水準の特定医師として就労（本務の医療機関の36協定の上限960時間）	960時間以内	1860時間以内
連携B水準の特定医師として就労（本務の医療機関の36協定の上限960時間）	1860時間以内	1860時間以内
B水準、C-1、又はC-2の特定医師として就労（本務の医療機関の36協定の上限1860時間）	1860時間以内	1860時間以内

7 上限規制の見直し

　B水準の特定医師及び連携B水準の特定医師に対して適用される特別延長時間の上限及び時間外・休日労働時間の上限については、A水準の特定医師に適用される特別延長時間の上限及び時間外・休日労働時間の上限とすることを目標として、令和6年4月1日以降、3年ごとにBC水準の特定医師の労働時間などを勘案して必要な見直しを行うこととされています。

　また、C-1水準・C-2水準についても、研修及び医療の質を低下させずに、効率的な研修を実現していくことにより、技術向上に要する時間の短縮が図られる可能性もあることから、将来的な縮減を志向することとされています。

8　医療機関の 36 協定

（1）特定医師の36協定で協定すべき事項

　　特定医師に時間外・休日労働を行わせる場合には、36協定において表1の事項について協定する必要があります。また、臨時的な特別の事情があるため、原則となる時間外労働の限度時間（1か月45時間、1年360時間）を超えて時間外・休日労働を行わせる必要がある場合には、表2の事項についても協定する必要があります。

　　なお、36協定の届出様式には、労使で合意したことを確認するチェックボックスがあります。これにチェックがない場合は有効な協定届とはなりませんので、注意してください（時間外・休日労働を行わせる労働者に特定医師が含まれない場合の36協定の協定事項等に関しては、第1編第2章を参照してください。）。

表1　36 協定において協定する必要がある事項

○　時間外・休日労働をさせることができる場合
○　時間外・休日労働をさせることができる労働者の範囲
○　対象期間（1年間に限る）、1年の起算日、有効期間
○　対象期間における 　　1日、1か月、1年 について労働時間を延長して労働させることができる時間*又は労働させることができる休日 　*原則となる時間外労働の限度時間（1か月45時間、1年360時間）の範囲で協定します。
○　チェックボックスへチェックを入れる必要がある事項1 　（副業・兼業先での労働時間も合わせて）時間外・休日労働は、 　1か月：水準問わず100時間未満の範囲にする必要があります。* 　1　年：A水準については960時間以内、連携B水準、B水準又はC水準については、1860時間以内にする必要があります。 　*1か月について時間外・休日労働が100時間以上となることが見込まれる医師について、面接指導を実施する場合は、1か月の時間外・休日労働が100時間以上となっても差し支えありません。
○　チェックボックスへチェックを入れる必要がある事項2 　（副業・兼業先での労働時間も合わせて）1か月の時間外・休日労働の合計が100時間以上となる場合の措置* ・1か月の時間外・休日労働の合計が100時間に到達する前に面接指導を実施し、面接指導実施医師の意見を踏まえ、労働者の健康確保のために必要な措置を行うこと ・1か月の時間外・休日労働の合計が155時間を超えた場合、労働時間の短縮のための具体的措置を行うこと 　*1か月の時間外・休日労働の合計が、100時間以上、155時間超となることが見込まれない場合には、36協定に本措置に関する定めをする必要はありません。

表2　36 協定において協定する必要がある事項2（特別条項）

○　自院で臨時的に限度時間を超えて労働させる必要がある場合における
　・1か月の時間外・休日労働の合計時間数*1
　・1年の時間外・休日労働の合計時間数*2
　＊1　水準問わず、1か月 100 時間未満の範囲にする必要があります。
　　　　ただし、36 協定に、「1か月の時間外・休日労働の合計が 100 時間に到達する前に面接指導
　　　を実施し、面接指導実施医師の意見を踏まえ、労働者の健康確保のために必要な措置を講ずる
　　　こと」を定めた場合は、1か月の時間外・休日労働が 100 時間以上となっても差し支えありま
　　　せん。
　＊2　A 水準又は連携 B 水準については 960 時間以内、B 水準又は C 水準については 1860 時間以
　　　内の範囲にする必要があります。

○　限度時間を超えて労働させることができる場合

○　限度時間を超えた労働に係る割増賃金率

○　限度時間を超えて労働させる場合における手続き

○　限度時間を超えて労働させる労働者に対する健康及び福祉を確保するための措置

○　チェックボックスへチェックを入れる必要がある事項
　　連携B、B、C水準の特定医師について、以下の措置を行うこと
　・1年間の時間外・休日労働の合計時間数が 960 時間を超えることが見込まれる者に
　　対する勤務間インターバルの確保等による休息時間の確保

（2）36協定の届出様式

　36協定については、法令で定められた様式により、労働基準監督署長に届け出る必要があります。

　病院や診療所など医療機関に関しては、時間外・休日労働が見込まれる労働者に特定医師が含まれるか否か、また、時間外・休日労働時間数が限度時間を超えることが見込まれるか否かによって、届出様式が異なります。どの様式によって届け出るかについては、次のフローチャートのとおりとなります。

　次頁以降の「記載例と留意事項」を参考にして作成してください。

【法令で定められた36協定届出様式について】

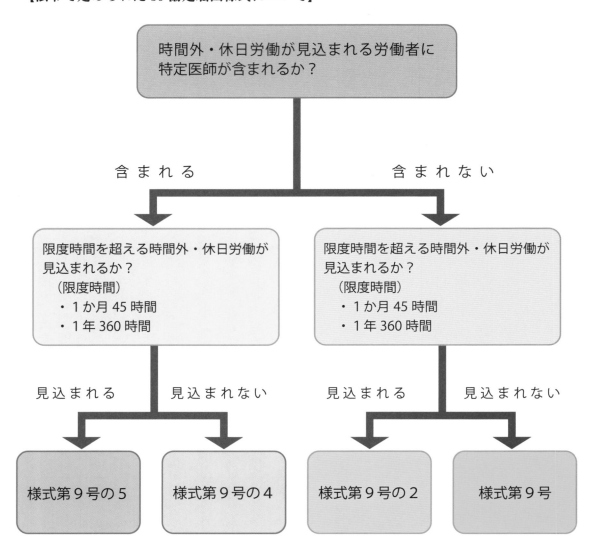

36協定の様式は、厚生労働省ホームページでダウンロードすることができます。
（https://www.mhlw.go.jp/stf/seisakunitsuite/bunya/koyou_roudou/roudoukijun/roudoukijunkankei.html）

３６協定届出様式

記載例と留意事項

様式第９号の５

各水準共通の記載例と留意事項（様式第9

様式第9号の5（第70条関係）

◆事業場、(病院、診療所等)ごと
に協定してください。

時間外労働
休　日　労　働　に関

◆事由は具体的に定めてくだ
さい。なお、各医療機関の実
態に合わせて記載してくださ
い。また、医業に従事する医
師以外の者（看護師、事務職
員等）についても同じ様式を
使用しますので、当該者につ
いても定める場合は、併せて
記載してください。

◆対象期間が 3 か月を超える
1年単位の変形労働時間制
が適用される労働者について
は、②の欄に記載してくださ
い。

◆業務の範囲を細分化し、明確
に定めてください。

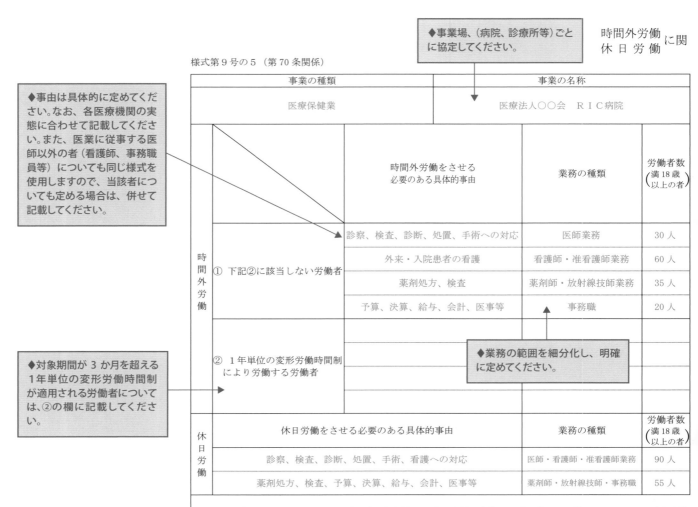

事業の種類	事業の名称
医療保健業	医療法人○○会　ＲＩＣ病院

		時間外労働をさせる 必要のある具体的事由	業務の種類	労働者数 (満 18 歳 以上の者)
時間外労働	① 下記②に該当しない労働者	診察、検査、診断、処置、手術への対応	医師業務	30 人
		外来・入院患者の看護	看護師・准看護師業務	60 人
		薬剤処方、検査	薬剤師・放射線技師業務	35 人
		予算、決算、給与、会計、医事等	事務職	20 人
	② 1年単位の変形労働時間制 により労働する労働者			

	休日労働をさせる必要のある具体的事由	業務の種類	労働者数 (満 18 歳 以上の者)
休日労働	診察、検査、診断、処置、手術、看護への対応	医師・看護師・准看護師業務	90 人
	薬剤処方、検査、予算、決算、給与、会計、医事等	薬剤師・放射線技師・事務職	55 人

　　上記で定める時間数にかかわらず、時間外労働及び休日労働を合算した時間数は、1箇月について 100 時間未満
は除く。）。

【医業に従事する医師】
　　上記で定める時間数にかかわらず、時間外労働及び休日労働を合算した時間数は、1箇月について 100 時間未満
定に係る業務に従事する医師又は連携Ｂ水準医療機関から他の病院若しくは診療所に派遣される医師（当該指定に
ついて 100 時間以上となることが見込まれる医師について、面接指導を実施し、健康確保のために必要な就業上の
も差し支えない。）。

号の5）1枚目

◆労働保険番号・法人番号を記載してください。

する協定届

労働保険番号	□□ □ □ □□□□□ □□ □□□
	都道府県 所掌 管轄　　基幹番号　　　枝番号　被一括事業場番号
法人番号	□□□□□□□□□□□□□

事業の所在地（電話番号）	協定の有効期間
（〒 ○○○－ ○○○○ ） ○○市 ○○町 ○－○－○ （電話番号：○○－○○○○－○○○○）	令和6年4月1日から1年

◆この協定が有効となる期間を定めてください。1年とすることが望ましいです。

所定労働時間 （1日） （任意）	延長することができる時間数					
	1日		1箇月（①については45時間まで、②については42時間まで）		1年（①については360時間まで、②については320時間まで）	
					起算日 （年月日）	令和6年4月1日
	法定労働時間を超える時間数	所定労働時間を超える時間数 （任意）	法定労働時間を超える時間数	所定労働時間を超える時間数 （任意）	法定労働時間を超える時間数	所定労働時間を超える時間数 （任意）
8時間	3時間	3時間	45時間	45時間	360時間	360時間
8時間	3時間	3時間	45時間	45時間	360時間	360時間
8時間	3時間	3時間	45時間	45時間	360時間	360時間
8時間	3時間	3時間	45時間	45時間	360時間	360時間

◆1年の上限時間を計算する際の起算日を記載してください。その1年においては、協定の内容を変更して再度届け出ることがあった場合でも、起算日は同一の日とする必要があります。

◆1日の法定労働時間を超える時間数を定めてください。

◆1ヵ月の法定労働時間を超える時間を定めてください。①は45時間以内、②は42時間以内です。

◆1年の法定労働時間を超える時間を定めてください。①は360時間以内、②は320時間以内です。

所定休日 （任意）	労働させることができる法定休日の日数	労働させることができる法定休日における始業及び終業の時刻
土日祝日・年末年始（シフト表による）	1か月に1回	8：00〜18：00
土日祝日・年末年始（シフト表による）	1か月に1回	8：00〜18：00

でなければならず、かつ2箇月から6箇月までを平均して80時間を超過しないこと（医業に従事する医師

☑（チェックボックスに要チェック）

◆医業に従事する医師以外の者（看護師、事務職員等）については、このチェックボックスに係る事項を労使で確認の上、必ずチェックを入れてください。チェックボックスにチェックがない場合には、有効な協定届とはなりません。

でなければならず、かつ1年について960時間（B水準医療機関若しくはC水準医療機関において当該指係る派遣に係るものに限る。）については1,860時間）以下でなければならないこと（ただし、1箇月に適切な措置を講ずる場合は、1箇月の時間外労働及び休日労働を合算した時間数が100時間以上になって

◆医業に従事する医師については、このチェックボックスに係る事項を労使で確認の上、必ずチェックを入れてください。チェックボックスにチェックがない場合には、有効な協定届とはなりません。

☑（チェックボックスに要チェック）

様式第9号の5（第70条関係）

時間外労働
休　日　労　働　に関する協定届

臨時的に限度時間を超えて労働させることができる場合	業務の種類	労働者数（満18歳以上の者）	1日（任意）	
			延長することができる時間数	
			法定労働時間を超える時間数	所定労働時間を超える時間数（任意）
①（下記②-⑤以外の者） 患者数の増加、入院患者の急変、救急患者等に伴う看護	看護師・准看護師業務	60人	6時間	6時間
患者数の増加、入院患者の急変、救急患者等に伴う薬剤処方、検査	薬剤師・放射線技師業務	35人	6時間	6時間
患者数の増加等に伴う会計、医事等の対応、期限のある決算対応等	事務職	20人	6時間	6時間
②A水準医療機関で勤務する医師 患者数の増加、入院患者の急変、救急患者の搬送等に伴う診察、検査、診断、処置、手術への対応の発生	医師業務	30人	6時間	6時間
高難度の診察、診断、処置、手術や時間を要する処置、手術への対応の発生	医師業務	10人	6時間	6時間
③B水準医療機関で対象業務に従事する医師				
④連携B水準医療機関で対象業務に従事する医師				
⑤C水準医療機関で対象業務に従事する医師				

◆医業に従事する医師以外の者（看護師、事務職員等）についても同じ様式を使用しますので、当該者についても定める場合は、併せて記載してください。

◆事由は一時的または突発的に時間外労働を行わせる必要のあるものに限り、できる限り具体的に定めなければなりません。「業務の都合上必要なとき」「業務上やむを得ないとき」など恒常的な長時間労働を招くおそれがあるものは認められません。
なお、あくまで例示を載せていますので、各医療機関の実態に合わせて記載してください。

◆業務の範囲を細分化し、明確に定めてください。

号の5）2枚目

（特別条項）

◆月の時間外労働の限度時間（月45時間または42時間）を超えて労働させる回数を定めてください。医業に従事する医師以外の者（看護師、事務職員等）については、年6回以内に限ります。

◆1年の上限時間を計算する際の起算日を記載してください。その1年においては、協定の内容を変更して再度届け出ることがあった場合でも、起算日は同一の日とする必要があります。

	1箇月 （時間外労働及び休日労働を合算した時間数。100時間未満に限る。ただし、②-⑤について、面接指導を実施し、健康確保のために必要な就業上の適切な措置を講ずることとしている場合はこの限りではない。）			1年 （①については720時間以内（時間外労働のみの時間数）、②・④については960時間以内、③・⑤については1,860時間以内（②-⑤は時間外労働及び休日労働を合算した時間数）に限る。）		
				起算日（年月日）	令和6年4月1日	
	延長することができる時間数及び休日労働の時間数			延長することができる時間数		
限度時間を超えて労働させることができる回数（①については、6回以内、②-⑤については任意）	法定労働時間を超える時間数と休日労働の時間数を合算した時間数	所定労働時間を超える時間数と休日労働の時間数を合算した時間数（任意）	限度時間を超えた労働に係る割増賃金率	法定労働時間を超える時間数	所定労働時間を超える時間数（任意）	限度時間を超えた労働に係る割増賃金率
6回	70時間	70時間	25%	670時間	670時間	25%
6回	70時間	70時間	25%	670時間	670時間	25%
6回	70時間	70時間	25%	670時間	670時間	25%
8回	85時間	85時間	25%	800時間	800時間	25%
8回	105時間	105時間	25%	870時間	870時間	25%

◆限度時間（月45時間または42時間）を超えて労働させる場合の、1ヵ月の時間外労働と休日労働の合計の時間数を定めてください。
医業に従事する医師以外の者（看護師、事務職員等）については、月100時間未満に限ります。なお、この時間数を満たしていても、2～6か月平均で月80時間を超えてはいけません。
また、A水準医療機関で勤務する医師については、原則として月100時間未満に限りますが、面接指導を実施し、健康確保のために必要な就業上の適切な措置を講ずることを36協定に定めるときは、1ヵ月について100時間以上の時間数を定めることも可能です。

◆限度時間を超えて時間外労働をさせる場合の割増賃金率を定めてください。
この場合、法定の割増率（25%）を超える割増率となるよう努めてください
（なお、時間外労働が月60時間を超える場合の法定の割増率は50%となります。）。
「1年」の欄も同様です。

◆限度時間（年360時間または320時間）を超えて労働させる1年の時間数を定めてください。
医業に従事する医師以外の者（看護師、事務職員等）については、年720時間以内（時間外労働のみ）に限ります。
A水準医療機関で勤務する医師については、年960時間以内（時間外労働および休日労働）に限ります。

B水準の記載例と留意事項（様式第9号

様式第9号の5（第70条関係）　　　　　　　　　　　　　時間外労働　に関する協定届
　　　　　　　　　　　　　　　　　　　　　　　　　　　　休 日 労 働

◆医療機関内に、B水準の対象業務以外の業務に従事する医師がいる場合には、該当する水準の記載欄に協定事項を記載してください。

◆医業に従事する医師以外の者（看護師、事務職員等）についても同じ様式を使用しますので、当該者についても定める場合は、併せて記載してください。

◆業務の範囲を細分化し、明確に定めてください。
B水準医療機関で対象業務に従事する医師については労働時間短縮計画記載の診療科単位で定めることが望ましいです。

臨時的に限度時間を超えて労働させることができる場合		業務の種類	労働者数（満18歳以上の者）	1日（任意）	
				延長することができる時間数	
				法定労働時間を超える時間数	所定労働時間を超える時間数（任意）
①（下記②-⑤以外の者）	患者数の増加、入院患者の急変、救急患者、在宅患者等に伴う看護	看護師・准看護師業務	60人	6時間	6時間
	患者数の増加、入院患者の急変、救急患者等に伴う薬剤処方、検査	薬剤師・放射線技師業務	35人	6時間	6時間
	患者数の増加等に伴う会計、医事等の対応、期限のある決算対応等	事務職	20人	6時間	6時間
②A水準医療機関で勤務する医師					
③B水準医療機関で対象業務に従事する医師	救急患者や重症患者に対する診察、検査、診断、処置、手術への対応の発生	医師業務（○○科、○○科）	30人	6時間	6時間
	在宅患者に対する急変対応、在宅患者への訪問診察の集中	医師業務（○○科、○○科）	10人	6時間	6時間
	高度な処置、手術への対応、高度な疾病治療や疾病・病棟管理の集中	医師業務（○○科、○○科）	10人	6時間	6時間
④連携B水準医療機関で対象業務に従事する医師					
⑤C水準医療機関で対象業務に従事する医師					

◆事由は一時的または突発的に時間外労働を行わせる必要のあるものに限り、できる限り具体的に定めなければなりません。「業務の都合上必要なとき」「業務上やむを得ないとき」など恒常的な長時間労働を招くおそれがあるものは認められません。なお、あくまで例示を載せていますので、各医療機関の実態に合わせて記載してください。
B水準の医療機関で対象業務に従事する医師の場合、地域医療の確保のためにやむを得ず長時間労働になる事由を定めることになります。

の5）2枚目

◆月の時間外労働の限度時間（月45時間または42時間）を超えて労働させる回数を定めてください。
医業に従事する医師以外の者（看護師、事務職員等）については、年6回以内に限ります。

◆1年の上限時間を計算する際の起算日を記載してください。その1年においては、協定の内容を変更して再度届け出ることがあった場合でも、起算日は同一の日とする必要があります。

（特別条項）

1箇月（時間外労働及び休日労働を合算した時間数。100時間未満に限る。ただし、②-⑤について、面接指導を実施し、健康確保のために必要な就業上の適切な措置を講ずることとしている場合はこの限りではない。）				1年（①については720時間以内（時間外労働のみの時間数）、②・④については960時間以内、③・⑤については1,860時間以内（②-⑤は時間外労働及び休日労働を合算した時間数）に限る。）		
				起算日（年月日）	令和6年4月1日	
限度時間を超えて労働させることができる回数（①については、6回以内、②-⑤については任意）	延長することができる時間数及び休日労働の時間数		限度時間を超えた労働に係る割増賃金率	延長することができる時間数		限度時間を超えた労働に係る割増賃金率
	法定労働時間を超える時間数と休日労働の時間数を合算した時間数	所定労働時間を超える時間数と休日労働の時間数を合算した時間数（任意）		法定労働時間を超える時間数	所定労働時間を超える時間数（任意）	
6回	70時間	70時間	25%	670時間	670時間	25%
6回	70時間	70時間	25%	670時間	670時間	25%
6回	70時間	70時間	25%	670時間	670時間	25%
10回	95時間	95時間	25%	1000時間	1000時間	25%
10回	120時間	120時間	25%	1200時間	1200時間	25%
10回	120時間	120時間	25%	1200時間	1200時間	25%

◆限度時間（月45時間または42時間）を超えて労働させる場合の、1か月時間外労働と休日労働の合計の時間数を定めてください。
医業に従事する医師以外の者（看護師、事務職員等）については、月100時間未満に限ります。
なお、この時間数を満たしていても、2〜6か月平均で月80時間を超えてはいけません。また、B水準医療機関で対象業務に従事する医師については、原則として月100時間未満に限りますが、面接指導を実施し、健康確保のために必要な就業上の適切な措置を講ずることを36協定に定めるときは、1か月について100時間以上の時間数を定めることも可能です。

◆限度時間を超えて時間外労働をさせる場合の割増賃金率を定めてください。
この場合、法定の割増率（25%）を超える割増率となるよう努めてください（なお、時間外労働が月60時間を超える場合の法定の割増率は50%となります。）。「1年」の欄も同様です。

◆限度時間（年360時間または320時間）を超えて労働させる1年の時間数を定めてください。
医業に従事する医師以外の者（看護師、事務職員等）については、年720時間以内（時間外労働のみ）に限ります。
B水準医療機関で対象業務に従事する医師については、年1,860時間以内（時間外労働および休日労働）に限ります。

113

様式第9号の5（第70条関係）

◆医療機関内に連携Ｂ水準の対象業務以外の業務に従事する医師がいる場合には、該当する水準の記載欄に協定事項を記載してください。

◆医業に従事する医師以外の者（看護師、事務職員等）についても同じ様式を使用しますので、当該者についても定める場合は、併せて記載してください。

臨時的に限度時間を超えて労働させることができる場合		業務の種類	労働者数（満18歳以上の者）	1日（任意）	
				延長することができる時間数	
				法定労働時間を超える時間数	所定労働時間を超える時間数（任意）
①（下記②-⑤以外の者）	患者数の増加、入院患者の急変、救急患者、在宅患者等に伴う看護	看護師・准看護師業務	60人	6時間	6時間
	患者数の増加、入院患者の急変、救急患者等に伴う薬剤処方、検査	薬剤師・放射線技師業務	35人	6時間	6時間
	患者数の増加等に伴う会計、医事等の対応、期限のある決算対応等	事務職	20人	6時間	6時間
②A水準医療機関で勤務する医師					
③B水準医療機関で対象業務に従事する医師					
④連携B水準医療機関で対象業務に従事する医師	患者数の増加、入院患者の急変、救急患者の搬送等に伴う診察、検査、診断、処置、手術への対応の発生	医師業務（○○科、○○科）	15人	6時間	6時間
	高難度の診察、診断、処置、手術や時間を要する処置、手術への対応の発生	医師業務（○○科、○○科）	10人	6時間	6時間
⑤C水準医療機関で対象業務に従事する医師					

◆業務の範囲を細分化し、明確に定めてください。
連携B水準医療機関で対象業務に従事する医師については労働時間短縮計画記載の診療科単位で定めることが望ましいです。

◆事由は一時的または突発的に時間外労働を行わせる必要のあるものに限り、できる限り具体的に定めなければなりません。「業務の都合上必要なとき」「業務上やむを得ないとき」など恒常的な長時間労働を招くおそれがあるものは認められません。なお、あくまで例示を載せていますので、各医療機関の実態に合わせて記載してください。
連携B水準医療機関で対象業務に従事する医師の場合、派遣元である連携B水準医療機関側での医師業務（派遣されるまで派遣元で従事している医師業務）との関係で、臨時的に限度時間を超えて時間外労働を行わせる事由を記載してください。

号の５）２枚目

（特別条項）

限度時間を超えて労働させることができる回数（①については、6 回以内、②-⑤については任意）	延長することができる時間数及び休日労働の時間数		限度時間を超えた労働に係る割増賃金率	延長することができる時間数		限度時間を超えた労働に係る割増賃金率
	法定労働時間を超える時間数と休日労働の時間数を合算した時間数	所定労働時間を超える時間数と休日労働の時間数を合算した時間数（任意）		法定労働時間を超える時間数	所定労働時間を超える時間数（任意）	
6 回	70 時間	70 時間	25%	670 時間	670 時間	25%
6 回	70 時間	70 時間	25%	670 時間	670 時間	25%
6 回	70 時間	70 時間	25%	670 時間	670 時間	25%
8 回	85 時間	85 時間	25%	800 時間	800 時間	25%
8 回	105 時間	105 時間	25%	870 時間	870 時間	25%

1箇月
（時間外労働及び休日労働を合算した時間数。100 時間未満に限る。ただし、②-⑤について、面接指導を実施し、健康確保のために必要な就業上の適切な措置を講ずることとしている場合はこの限りではない。）

1 年
（①については 720 時間以内（時間外労働のみの時間数）、②・④については 960 時間以内、③・⑤については 1,860 時間以内（②-⑤は時間外労働及び休日労働を合算した時間数）に限る。）

起算日（年月日）	令和 6 年 4 月 1 日

C水準の記載例と留意事項（様式第9号

様式第9号の5 （第70条関係）

時間外労働
休 日 労 働　に関する協定届

◆医療機関内に、C水準の対象業務以外の業務に従事する医師がいる場合には、該当する水準の記載欄に協定事項を記載してください。

◆医業に従事する医師以外の者（看護師、事務職員等）についても同じ様式を使用しますので、当該者についても定める場合は、併せて記載してください。

臨時的に限度時間を超えて労働させることができる場合		業務の種類	労働者数（満18歳以上の者）	1日（任意）	
				延長することができる時間数	
				法定労働時間を超える時間数	所定労働時間を超える時間数（任意）
①（下記②-⑤以外の者）	患者数の増加、入院患者の急変、救急患者、在宅患者等に伴う看護	看護師・准看護師業務	60人	6時間	6時間
	患者数の増加、入院患者の急変、救急患者等に伴う薬剤処方、検査	薬剤師・放射線技師業務	35人	6時間	6時間
	患者数の増加等に伴う会計、医事等の対応、期限のある決算対応等	事務職	20人	6時間	6時間
②A水準医療機関で勤務する医師					
③B水準医療機関で対象業務に従事する医師					
④連携B水準医療機関で対象業務に従事する医師					
⑤C水準医療機関で対象業務に従事する医師	○○臨床研修プログラムにおける診察、検査、診断、処置、手術への対応	医師業務	15人	6時間	6時間
	○○専門研修プログラムにおける診察、検査、診断、処置、手術への対応	医師業務	10人	6時間	6時間
	各医師の技能研修計画の下での診察、検査、診断、手術への対応	医師業務	2人	6時間	6時間

◆事由は一時的または突発的に時間外労働を行わせる必要のあるものに限り、できる限り具体的に定めなければなりません。「業務の都合上必要なとき」「業務上やむを得ないとき」など恒常的な長時間労働を招くおそれがあるものは認められません。なお、あくまで例示を載せていますので、各医療機関の実態に合わせて記載してください。
C水準医療機関で対象業務に従事する医師の場合、初期研修医の臨床研修プログラムや後期研修医の専門プログラム、各医師の技能研修計画について、時間外労働を行わせる必要のあるものを記載することになります。

◆業務の範囲を細分化し、明確に定めてください。

の5）2枚目

117

◆月の時間外労働の限度時間（月45時間または42時間）を超えて労働させる回数を定めてください。医業に従事する医師以外の者（看護師、事務職員等）については、年6回以内に限ります。

◆1年の上限時間を計算する際の起算日を記載しください。その1年においては、協定の内容を変更して再度届け出ることがあった場合でも、起算日は同一の日とする必要があります。

（特別条項）

1箇月 （時間外労働及び休日労働を合算した時間数。100時間未満に限る。ただし、②-⑤について、面接指導を実施し、健康確保のために必要な就業上の適切な措置を講ずることとしている場合はこの限りではない。）				1年 （①については720時間以内（時間外労働のみの時間数）、②・④については960時間以内、③・⑤については1,860時間以内（②-⑤は時間外労働及び休日労働を合算した時間数）に限る。）		
				起算日 （年月日）	令和6年4月1日	
限度時間を超えて労働させることができる回数 （①については、6回以内、②-⑤については任意）	延長することができる時間数及び休日労働の時間数 法定労働時間を超える時間数と休日労働の時間数を合算した時間数	所定労働時間を超える時間数と休日労働の時間数を合算した時間数（任意）	限度時間を超えた労働に係る割増賃金率	延長することができる時間数 法定労働時間を超える時間数	所定労働時間を超える時間数（任意）	限度時間を超えた労働に係る割増賃金率
6回	70時間	70時間	25%	670時間	670時間	25%
6回	70時間	70時間	25%	670時間	670時間	25%
6回	70時間	70時間	25%	670時間	670時間	25%
9回	95時間	95時間	25%	1100時間	1100時間	25%
9回	120時間	120時間	25%	1200時間	1200時間	25%
9回	120時間	120時間	25%	1200時間	1200時間	25%

◆限度時間（月45時間または42時間）を超えて労働させる場合の、1か月の時間外労働と休日労働の合計の時間数を定めてください。
医業に従事する医師以外の労働者（看護師、事務職員等）については、月100時間未満に限ります。なお、この時間数を満たしていても、2～6か月平均で月80時間を超えてはいけません。
また、C水準医療機関で対象業務に従事する医師については、原則として月100時間未満に限りますが、面接指導を実施し、健康確保のために必要な就業上の適切な措置を講ずることを36協定に定めるときは、1か月について100時間以上の時間数を定めることも可能です。

◆限度時間を超えて時間外労働をさせる場合の割増賃金率を定めてください。
この場合、法定の割増率（25%）を超える割増率となるよう努めてください（なお、時間外労働が月60時間を超える場合の法定の割増率は50%となります。）。
「1年」の欄も同様です。

◆限度時間（年360時間または320時間）を超えて労働させる1年の時間数を定めてください。
医業に従事する医師以外の労働者（看護師、事務職員等）については、年720時間以内（時間外労働のみ）に限ります。
C水準医療機関で対象業務に従事する医師の場合は年1,860時間以内（時間外労働および休日労働）に限ります。

（健康福祉確保措置）

◆①医師による面接指導　②深夜業（22時～5時）の回数制限　③就業から始業までの休息時間の確保（勤務間インターバル）　④代償休日・特別な休暇の付与　⑤健康診断　⑥連続休暇の取得　⑦心とからだの相談窓口の設置　⑧配置転換　⑨産業医等による助言・指導や保健指導　⑩その他

A水準の記載例と留意事項（様式第9

◆限度時間を超えた労働者に対し、裏面の記載心得1（9）①～⑩の健康確保措置のいずれかの措置を講ずることを定めてください。該当する番号を記入し、下欄に具体的内容を記載してください。

◆限度時間を超えて労働させる場合にとる手続について定めてください。

限度時間を超えて労働させる場合における手続	労働者代表との協議	
限度時間を超えて労働させる労働者に対する健康及び福祉を確保するための措置	（該当する番号） ①、③	（具体的内容） 対象労働者への医師による面接 対象労働者に11時間の勤務間イ

　上記で定める時間数にかかわらず、時間外労働及び休日労働を合算した時間数は、1箇月について100時間未除く。）。

◆医業に従事する医師については、このチェックボックス（②の場合は2つ目と5つ目のチェックボックスを除きます。）に係る事項を労使で確認の上、必ずチェックを入れてください。チェックボックスにチェックがない場合には、有効な協定届とはなりません。

【医業に従事する医師】

　上記で定める時間数にかかわらず、時間外労働及び休日労働を合算した時間数は、1箇月について100時間未に係る業務に従事する医師又は連携B水準医療機関から他の病院若しくは診療所に派遣される医師（当該指定して100時間以上となることが見込まれる医師について、面接指導を実施し、健康確保のために必要な就業上の適支えない。）。

　③－⑤の場合、都道府県知事からB水準医療機関、連携B水準医療機関又はC水準医療機関としての指定を受

◆1か月の時間外・休日労働の合計時間数を月100時間以上で定めている場合は、チェックを入れてください。また、月100時間未満を定めていても医師が他の医療機関で副業・兼業を行うことが想定される場合は、チェックを入れるようにしてください。

　協定で定める1箇月の時間外労働及び休日労働を合算した時間数が100時間以上である場合には、以下の措置

　　　1箇月の時間外労働及び休日労働を合算した時間数が100時間に到達する前に疲労の蓄積の状況等を確も差し支えない。）。また、面接指導を行った医師の意見を踏まえ、労働者の健康確保のために必要な就業

　　　1箇月の時間外労働及び休日労働を合算した時間数が155時間を超えた場合、労働時間短縮のための具体

　③－⑤の場合、1年の時間外労働及び休日労働を合算した時間数が960時間を超えることが見込まれる者に対

協定の成立年月日　　　令和6年　　　3月　　　5日

協定の当事者である労働組合（事業場の労働者の過半数で組織する労働組合）の名称又は労働者の過半数を代表

協定の当事者（労働者の過半数を代表する者の場合）の選出方法（　投票による選挙

　上記協定の当事者である労働組合が事業場の全ての労働者の過半数で組織する労働組合である又は上記協定の

　上記労働者の過半数を代表する者が、労働基準法第41条第2号に規定する監督又は管理の地位にある者でなく続により選出された者であって使用者の意向に基づき選出されたものでないこと。

令和6年　　　3月　　　7日

○○　労働基準監督署長殿

◆様式9号の5の届出をする場合には、3枚目に労働者代表の職名・氏名および選出方法、使用者の職名・氏名の記入をしてください。

118

号の5） 3枚目

◆医業に従事する医師以外の者（看護師、事務職員等）については、このチェックボックスに係る事項を労使で確認の上、必ずチェックを入れてください。チェックボックスにチェックがない場合には、有効な協定届とはなりません。

指導の実施
インターバルを設定
満でなければならず、かつ2箇月から6箇月までを平均して80時間を超過しないこと（医業に従事する医師は

☑（チェックボックスに要チェック）

満でなければならず、かつ1年について960時間（B水準医療機関若しくはC水準医療機関において当該指定
に係る派遣に係るものに限る。）については1,860時間）以下でなければならないこと（ただし、1箇月について
適切な措置を講ずる場合は、1箇月の時間外労働及び休日労働を合算した時間数が100時間以上になっても差し

☑（チェックボックスに要チェック）

をけていること。　　　　　　　　　　　☐（チェックボックスに要チェック）

◆A水準医療機関で勤務する医師の場合は、チェック不要です。

量を講ずること。

認し、面接指導を行うこと（②で疲労の蓄積が認められない場合は、100 時間以上となった後での面接指導で
上の適切な措置を講ずること。　　　　　☑（チェックボックスに要チェック）

体的な措置を行うこと。　　　　　　　　☑（チェックボックスに要チェック）

◆A水準医療機関で勤務する医師の場合は、チェック不要です。

けして、勤務間インターバルの確保等により休息時間を確保すること。☐（チェックボックスに要チェック）

する者の　職名　○○科医　　◆管理監督者は労働者代表にはなれません。
　　　　　氏名　飯田橋　花子

◆協定書を兼ねる場合には、使用者の署名または記名・押印などが必要です。

）

当事者である労働者の過半数を代表する者が事業場の全ての労働者の過半数を代表する者であること。
☑（チェックボックスに要チェック）
く、かつ、同法に規定する協定等をする者を選出することを明らかにして実施される投票、挙手等の方法による手
☑（チェックボックスに要チェック）

使用者　職名　院長
　　　　氏名　文京　太郎

◆協定書を兼ねる場合には、使用者の署名または記名・押印などが必要です。

◆労働者の過半数で組織する労働組合が無い場合には、36 協定の締結をする者を選ぶことを明確にした上で、投票・挙手等の方法で労働者の過半数代表者を選出し、選出方法を記載してください。使用者による指名や、使用者の意向に基づく選出は認められません。チェックボックスにチェックがない場合には、形式上の要件に適合している協定届とはなりません。

119

（健康福祉確保措置）

◆①医師による面接指導　②深夜業（22 時〜 5 時）の回数制限　③就業から始業までの休息時間の確保（勤務間インターバル）　④代償休日・特別な休暇の付与　⑤健康診断　⑥連続休暇の取得⑦心とからだの相談窓口の設置　⑧配置転換　⑨産業医等による助言・指導や保健指導　⑩その他

A水準以外の記載例と留意

◆限度時間を超えた労働者に対し、次のいずれかの健康福祉確保措置を講ずることを定めてください。該当する番号を記入し、右欄に具体的内容を記載してください。

◆限度時間を超えて労働させる場合にとる手続について定めてください。

限度時間を超えて労働させる場合における手続	労働者代表との協議	
限度時間を超えて労働させる労働者に対する健康及び福祉を確保するための措置	（該当する番号）①、③	（具体的内容）対象労働者への医師に、対象労働者に 11 時間の

◆医業に従事する医師については、このチェックボックス（②の場合は 2 つ目と 5 つ目のチェックボックスを除きます。）に係る事項を労使で確認の上、必ずチェックを入れてください。チェックボックスにチェックがない場合には、有効な協定届とはなりません。

　　上記で定める時間数にかかわらず、時間外労働及び休日労働を合算した時間数は、1 箇月について 10除く。）。

▶【医業に従事する医師】

　　上記で定める時間数にかかわらず、時間外労働及び休日労働を合算した時間数は、1 箇月について 1に係る業務に従事する医師又は連携 B 水準医療機関から他の病院若しくは診療所に派遣される医師（当て 100 時間以上となることが見込まれる医師について、面接指導を実施し、健康確保のために必要な就支えない。）。

　　③−⑤の場合、都道府県知事から B 水準医療機関、連携 B 水準医療機関又は C 水準医療機関としての

◆1 か月の時間外・休日労働の合計時間数を月 100 時間以上で定めている場合は、チェックを入れてください。また、月 100 時間未満を定めていても医師が他の医療機関で副業・兼業を行うことが想定される場合は、チェックを入れるようにしてください。

▶協定で定める 1 箇月の時間外労働及び休日労働を合算した時間数が 100 時間以上である場合には、以

　　　1 箇月の時間外労働及び休日労働を合算した時間数が 100 時間に到達する前に疲労の蓄積の状も差し支えない。）。また、面接指導を行った医師の意見を踏まえ、労働者の健康確保のために必

　　　1 箇月の時間外労働及び休日労働を合算した時間数が 155 時間を超えた場合、労働時間短縮の

　　③−⑤の場合、1 年の時間外労働及び休日労働を合算した時間数が 960 時間を超えることが見込まれ

協定の成立年月日　　　　令和 6 年　　　　3 月　　　　5 日

協定の当事者である労働組合（事業場の労働者の過半数で組織する労働組合）の名称又は労働者の過半

協定の当事者（労働者の過半数を代表する者の場合）の選出方法（　投票による選挙

　　上記協定の当事者である労働組合が事業場の全ての労働者の過半数で組織する労働組合である又は上

　　上記労働者の過半数を代表する者が、労働基準法第 41 条第 2 号に規定する監督又は管理の地位にあ続により選出された者であって使用者の意向に基づき選出されたものでないこと。

　　　　　　　　　　令和 6 年　　　　3 月　　　　7 日

　　　　　　　　○○ 労働基準監督署長殿

◆様式 9 号の 5 の届出をする場合には、3 枚目に労働者代表の職名・氏名および選出方法、使用者の職名・氏名の記入をしてください。

事項（様式第9号の5）3枚目

◆医業に従事する医師以外の者（看護師、事務職員等）については、このチェックボックスに係る事項を労使で確認の上、必ずチェックを入れてください。チェックボックスにチェックがない場合には、有効な協定届とはなりません。

による面接指導の実施
の勤務間インターバルを設定
00時間未満でなければならず、かつ2箇月から6箇月までを平均して80時間を超過しないこと（医業に従事する医師は

☑（チェックボックスに要チェック）

00時間未満でなければならず、かつ1年について960時間（B水準医療機関若しくはC水準医療機関において当該指定
該指定に係る派遣に係るものに限る。）については1,860時間）以下でなければならないこと（ただし、1箇月につい
業上の適切な措置を講ずる場合は、1箇月の時間外労働及び休日労働を合算した時間数が100時間以上になっても差し

☑（チェックボックスに要チェック）

の指定を受けていること。 ☑（チェックボックスに要チェック）

以下の措置を講ずること。

状況等を確認し、面接指導を行うこと（②で疲労の蓄積が認められない場合は、100時間以上となった後での面接指導で
要な就業上の適切な措置を講ずること。 ☑（チェックボックスに要チェック）

ための具体的な措置を行うこと。 ☑（チェックボックスに要チェック）

る者に対して、勤務間インターバルの確保等により休息時間を確保すること。☑（チェックボックスに要チェック）

半数を代表する者の　職名　○○科医
　　　　　　　　　　氏名　飯田橋　花子
　　　　　　　　　　　）

◆管理監督者は労働者代表にはなれません

◆協定書を兼ねる場合には、使用者の署名または記名・押印などが必要です。

上記協定の当事者である労働者の過半数を代表する者が事業場の全ての労働者の過半数を代表する者であること。
　　　　　　　　　　　　　　　　　☑（チェックボックスに要チェック）
る者でなく、かつ、同法に規定する協定等をする者を選出することを明らかにして実施される投票、挙手等の方法による手
　　　　　　　　　　　　　　　　　☑（チェックボックスに要チェック）

使用者　職名　院長
　　　　氏名　文京　太郎

◆労働者の過半数で組織する労働組合が無い場合には、36協定の締結をする者を選ぶことを明確にした上で、投票・挙手等の方法で労働者の過半数代表者を選出し、選出方法を記載してください。使用者による指名や、使用者の意向に基づく選出は認められません。チェックボックスにチェックがない場合には、形式上の要件に適合している協定届とはなりません。

◆協定書を兼ねる場合には、使用者の署名または記名・押印などが必要です。

３６協定届出様式

記載例と留意事項

様式第９号の４

記載例と留意事項（様式第9号の4）

◆病院、診療所ごとに協定してください

時間外労働に関
休 日 労 働

様式第9号の4（第70条関係）

◆業務の種類は業務の範囲を細分化し明確に定めてください。

◆具体的事由は、業務の種類別に記載してください。

事業の種類		事業の名称	
医療保健業		医療法人〇〇会　ＲＩＣクリニック	

		時間外労働をさせる必要のある具体的事由	業務の種類	労働者数（満18歳以上の者）
時間外労働	① 下記②に該当しない労働者	外来患者の診察、検査、診断、処置の対応	医師業務	3人
		外来患者の看護	看護師・准看護師業務	10人
		予算、決算、給与、会計、医事等	事務職	6人
	② 1年単位の変形労働時間制により労働する労働者			

	休日労働をさせる必要のある具体的事由	業務の種類	労働者数（満18歳以上の者）
休日労働	外来患者の診察、検査、診断、処置、看護の対応	医師業務、看護師・准看護師業務	13人
	予算、決算、給与、会計、医事等	事務職	6人

上記で定める時間数にかかわらず、時間外労働及び休日労働を合算した時間数は、1箇月について 100 時間未満でなけ

【医業に従事する医師】

　上記で定める時間数にかかわらず、時間外労働及び休日労働を合算した時間数は、1箇月について 100 時間未満でなければなら
又は連携Ｂ水準医療機関から他の病院若しくは診療所に派遣される医師（当該指定に係る派遣に係るものに限る。）については1,
、面接指導を実施し、健康確保のために必要な就業上の適切な措置を講ずる場合は、1箇月の時間外労働及び休日労働を合算した

　1箇月の時間外労働及び休日労働を合算した時間数が 100 時間以上となることが見込まれる場合、以下の措置を講ずること。

　　1箇月の時間外労働及び休日労働を合算した時間数が 100 時間に到達する前に疲労の蓄積の状況等を確認し、面接指
　　指導でも差し支えない。）。また、面接指導を行った医師の意見を踏まえ、労働者の健康確保のために必要な就業上の適切

　　1箇月の時間外労働及び休日労働を合算した時間数が 155 時間を超えた場合、労働時間短縮のための具体的な措置を行

協定の成立年月日　　　令和6年　　　3月　　　5日

協定の当事者である労働組合（事業場の労働者の過半数で組織する労働組合）の名称又は労働者の過半数を代表する者の　　職名
氏名

協定の当事者（労働者の過半数を代表する者の場合）の選出方法（　投票による選挙　　　　　　　　　　　　　　　　）

上記協定の当事者である労働組合が事業場の全ての労働者の過半数で組織する労働組合である又は上記協定の当事者である労働

上記労働者の過半数を代表する者が、労働基準法第 41 条第2号に規定する監督又は管理の地位にある者でなく、かつ、同法に
であって使用者の意向に基づき選出されたものでないこと。

令和6年　　　3月　　　7日

使用者　　職名
氏名

〇〇　労働基準監督署長殿

する協定届

労働保険番号	都道府県 □ 所掌 □ 管轄 □□ 基幹番号 □□□□□□ 枝番号 □□□ 被一括事業場番号 □□□□
法人番号	□□□□□□□□□□□□□

（右側注釈）◆労働保険番号・法人番号を記載してください。

事業の所在地（電話番号）	協定の有効期間
（〒 ××× 一◇◇◇◇ ）　○○市△町○○番地　（電話番号：▽▽ 一◇◇◇◇ 一◇◇◇◇）	令和6年4月1日から一年間

（右側注釈）◆この協定が有効となる期間を定めてください。1年間が望ましいです。

所定労働時間（1日）（任意）	延長することができる時間数				1年（①については360時間まで、②については320時間まで）	
	1日		1箇月（①については45時間まで、②については42時間まで）		起算日（年月日）	令和6年4月1日
	法定労働時間を超える時間数	所定労働時間を超える時間数（任意）	法定労働時間を超える時間数	所定労働時間を超える時間数（任意）	法定労働時間を超える時間数	所定労働時間を超える時間数（任意）
7．5時間	3時間	3．5時間	30時間	40時間	250時間	370時間
7．5時間	3時間	3．5時間	30時間	40時間	250時間	370時間
7．5時間	2時間	2．5時間	15時間	25時間	150時間	270時間

（右側注釈）
◆1年間の上限時間を計算する際の起算日を記載してください。
◆360 時間が限度となります。
◆45 時間が限度となります。

所定休日（任意）	労働させることができる法定休日の日数	労働させることができる法定休日における始業及び終業の時刻
毎週日曜・祝日・年末年始（シフト表による）	法定休日のうち4週2日	8：30～17：00
毎週日曜・祝日・年末年始（シフト表による）	法定休日のうち4週2日	8：30～17：00

（右側注釈）
◆労使が合意した時間を記載してください。
◆労使が合意した日数、時刻を記載してください。

……ればならず、かつ2箇月から6箇月までを平均して 80 時間を超過しないこと（医業に従事する医師は除く。）。
☑（チェックボックスに要チェック）

……ず、かつ1年について 960 時間（B水準医療機関若しくはC水準医療機関において当該指定に係る業務に従事する医師……860 時間）以下でなければならないこと（ただし、1箇月について 100 時間以上となることが見込まれる医師について……時間数が 100 時間以上になっても差し支えない。）。
☑（チェックボックスに要チェック）

……尊を行うこと（A水準医療機関で勤務する医師で疲労の蓄積が認められない場合は、100 時間以上となった後での面接……な措置を講ずること。
☑（チェックボックスに要チェック）

……うこと。
☑（チェックボックスに要チェック）

（右側注釈）◆チェックがない場合、受理されません。

医師
千代田　太郎

（右側注釈）◆管理監督者は労働者代表にはなれません。

……者の過半数を代表する者が事業場の全ての労働者の過半数を代表する者であること。
☑（チェックボックスに要チェック）

……規定する協定等をする者を選出することを明らかにして実施される投票、挙手等の方法による手続により選出された者
☑（チェックボックスに要チェック）

医療法人○○会　RICクリニック　院長
文京　良子

（下部注釈）◆協定書を兼ねる場合、使用者、労働者代表の署名又は記名・押印が必要です。

（下部注釈）◆チェックがない場合、受理されません。

３６協定届出様式

記載例と留意事項

様式第９号の２

記載例と留意事項（様式第9号の2）

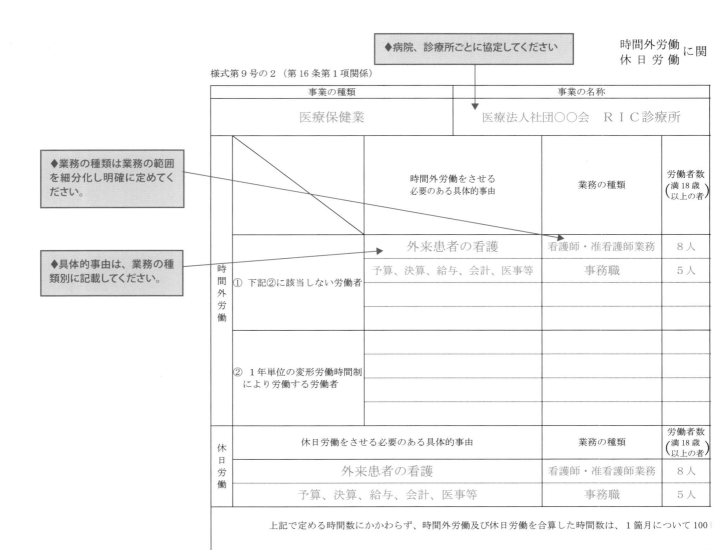

◆病院、診療所ごとに協定してください

時間外労働
休日労働　に関

様式第9号の2（第16条第1項関係）

事業の種類	事業の名称
医療保健業	医療法人社団○○会　RIC診療所

◆業務の種類は業務の範囲を細分化し明確に定めてください。

◆具体的事由は、業務の種類別に記載してください。

		時間外労働をさせる必要のある具体的事由	業務の種類	労働者数（満18歳以上の者）
時間外労働	① 下記②に該当しない労働者	外来患者の看護	看護師・准看護師業務	8人
		予算、決算、給与、会計、医事等	事務職	5人
	② 1年単位の変形労働時間制により労働する労働者			

	休日労働をさせる必要のある具体的事由	業務の種類	労働者数（満18歳以上の者）
休日労働	外来患者の看護	看護師・准看護師業務	8人
	予算、決算、給与、会計、医事等	事務職	5人

上記で定める時間数にかかわらず、時間外労働及び休日労働を合算した時間数は、1箇月について100

128

1枚目

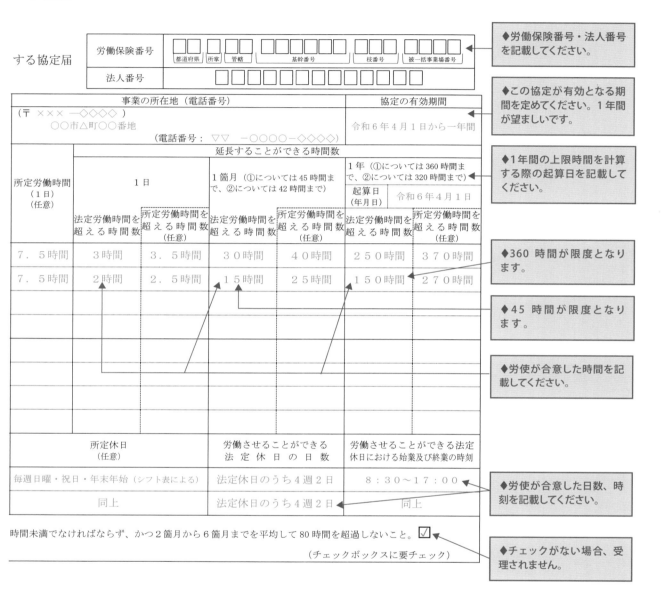

する協定届	労働保険番号	（都道府県）（所掌）（管轄）（基幹番号）（枝番号）（被一括事業場番号）					◆労働保険番号・法人番号を記載してください。
	法人番号						

◆労働保険番号・法人番号を記載してください。

事業の所在地（電話番号）	協定の有効期間
（〒 ×××－◇◇◇◇） ○○市△町○○番地 （電話番号： ▽▽ －○○○○－◇◇◇◇）	令和6年4月1日から一年間

◆この協定が有効となる期間を定めてください。1年間が望ましいです。

延長することができる時間数

所定労働時間 （1日） （任意）	1日		1箇月（①については45時間まで、②については42時間まで）		1年（①については360時間まで、②については320時間まで）	
					起算日（年月日）	令和6年4月1日
	法定労働時間を超える時間数	所定労働時間を超える時間数（任意）	法定労働時間を超える時間数	所定労働時間を超える時間数（任意）	法定労働時間を超える時間数	所定労働時間を超える時間数（任意）
7．5時間	3時間	3．5時間	30時間	40時間	250時間	370時間
7．5時間	2時間	2．5時間	15時間	25時間	150時間	270時間

◆1年間の上限時間を計算する際の起算日を記載してください。

◆360時間が限度となります。

◆45時間が限度となります。

◆労使が合意した時間を記載してください。

所定休日 （任意）	労働させることができる 法定休日の日数	労働させることができる法定 休日における始業及び終業の時刻
毎週日曜・祝日・年末年始（シフト表による）	法定休日のうち4週2日	8：30〜17：00
同上	法定休日のうち4週2日	同上

◆労使が合意した日数、時刻を記載してください。

時間未満でなければならず、かつ2箇月から6箇月までを平均して80時間を超過しないこと。☑

（チェックボックスに要チェック）

◆チェックがない場合、受理されません。

時間外労働
休 日 労 働 に関する協定届

様式第9号の2（第16条第1項関係）

臨時的に限度時間を超えて労働させることができる場合	業務の種類	労働者数（満18歳以上の者）	1日（任意） 延長することができる時間数	
			法定労働時間を超える時間数	所定労働時間を超える時間数（任意）
緊急性の高い外来患者の看護等	看護師、准看護師	8人	6時間	6．5時間
同上での受付・医事対応、期限のある決算対応等	事務職	5人	6時間	6．5時間

◆事由は具体的に定める必要があり、「診療上必要な時」あるいは「診療上やむを得ないとき」など恒常的な長時間労働を招くおそれのあるものは認められません。

◆労使が合意した時間を記載してください。

◆様式裏面の記載心得の1（9）に示されている①から⑨までの該当する番号を記載してください。
〈参考〉
①労働時間が一定時間を超えた労働者に医師による面接指導を実施すること。
③就業から始業までに一定時間以上の継続した休息時間を確保すること。

限度時間を超えて労働させる場合における手続	労働者代表との協議	
限度時間を超えて労働させる労働者に対する健康及び福祉を確保するための措置	（該当する番号）①、③	（具体的内容）①対象労働者への医師による面接指導の実③対象労働者に11時間の勤務間インター

上記で定める時間数にかかわらず、時間外労働及び休日労働を合算した時間数は、1箇月について100時間未満

協定の成立年月日　　令和6年　　3月　　5日

協定の当事者である労働組合（事業場の労働者の過半数で組織する労働組合）の名称又は労働者の過半数を代表する者の

協定の当事者（労働者の過半数を代表する者の場合）の選出方法（　投票による選挙

　上記協定の当事者である労働組合が事業場の全ての労働者の過半数で組織する労働組合である又は上記協定の当事者で

　上記労働者の過半数を代表する者が、労働基準法第41条第2号に規定する監督又は管理の地位にある者でなく、かつ、同続により選出された者であって使用者の意向に基づき選出されたものでないこと。☑（チェックボックスに要チェック）
　　　　　　　　　　　令和6年　　3月　　7日

使用者

○○　労働基準監督署長殿

◆チェックがない場合、受理されません。

2枚目

（特別条項）

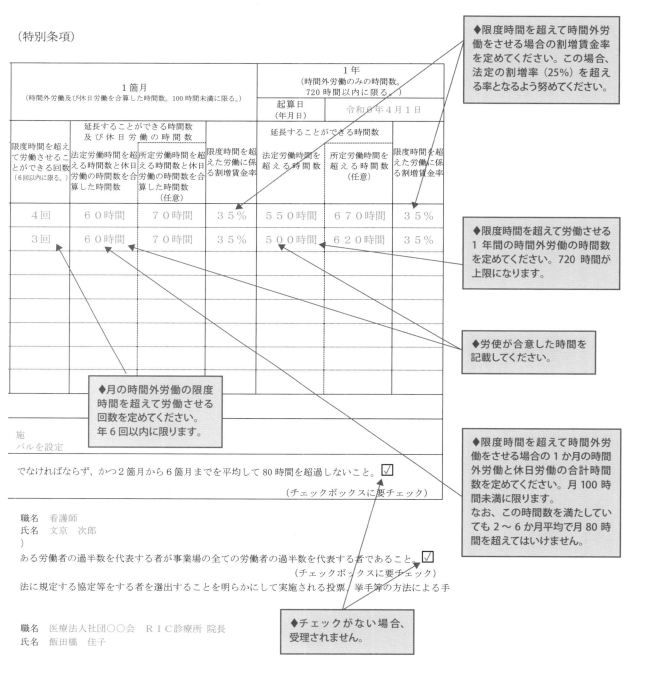

	1箇月 （時間外労働及び休日労働を合算した時間数。100時間未満に限る。）			1年 （時間外労働のみの時間数。 720時間以内に限る。）		
				起算日 （年月日） 令和6年4月1日		
限度時間を超えて労働させることができる回数（6回以内に限る。）	延長することができる時間数及び休日労働の時間数		限度時間を超えた労働に係る割増賃金率	延長することができる時間数		限度時間を超えた労働に係る割増賃金率
	法定労働時間を超える時間数と休日労働の時間数を合算した時間数	所定労働時間を超える時間数と休日労働の時間数を合算した時間数（任意）		法定労働時間を超える時間数	所定労働時間を超える時間数（任意）	
4回	60時間	70時間	35％	550時間	670時間	35％
3回	60時間	70時間	35％	500時間	620時間	35％

◆限度時間を超えて時間外労働をさせる場合の割増賃金率を定めてください。この場合、法定の割増率（25％）を超える率となるよう努めてください。

◆限度時間を超えて労働させる1年間の時間外労働の時間数を定めてください。720時間が上限になります。

◆労使が合意した時間を記載してください。

◆月の時間外労働の限度時間を超えて労働させる回数を定めてください。年6回以内に限ります。

◆限度時間を超えて時間外労働をさせる場合の1か月の時間外労働と休日労働の合計時間数を定めてください。月100時間未満に限ります。
なお、この時間数を満たしていても2～6か月平均で月80時間を超えてはいけません。

施
バルを設定

でなければならず、かつ2箇月から6箇月までを平均して80時間を超過しないこと。☑
（チェックボックスに要チェック）

職名　看護師
氏名　文京　次郎
）

ある労働者の過半数を代表する者が事業場の全ての労働者の過半数を代表する者であること。☑
（チェックボックスに要チェック）

法に規定する協定等をする者を選出することを明らかにして実施される投票、挙手等の方法による手

◆チェックがない場合、受理されません。

職名　医療法人社団○○会　RIC診療所 院長
氏名　飯田橋　佳子

３６協定届出様式

記載例と留意事項

様式第９号

記載例と留意事項（様式第9号）

時間外労働　　に関
休　日　労　働

様式第9号（第16条第1項関係）

◆病院、診療所ごとに協定してください

◆業務の種類は業務の範囲を細分化し明確に定めてください。

◆具体的事由は、業務の種類別に記載してください。

事業の種類	事業の名称
医療保健業	医療法人○○会　ＲＩＣ医院

		時間外労働をさせる必要のある具体的事由	業務の種類	労働者数（満18歳以上の者）
時間外労働	① 下記②に該当しない労働者	外来患者の看護	看護師・准看護師業務	6人
		予算、決算、給与、会計、医事等	事務職	4人
	② 1年単位の変形労働時間制により労働する労働者			

	休日労働をさせる必要のある具体的事由	業務の種類	労働者数（満18歳以上の者）
休日労働	外来患者の看護	看護師・准看護師業務	6人
	予算、決算、給与、会計、医事等	事務職	4人

上記で定める時間数にかかわらず、時間外労働及び休日労働を合算した時間数は、1箇月について100

協定の成立年月日　　　　令和6年　　　3月　　　5日

協定の当事者である労働組合（事業場の労働者の過半数で組織する労働組合）の名称又は労働者の過半数を代表す

協定の当事者（労働者の過半数を代表する者の場合）の選出方法（

上記協定の当事者である労働組合が事業場の全ての労働者の過半数で組織する労働組合である又は上記協定の当

上記労働者の過半数を代表する者が、労働基準法第41条第2号に規定する監督又は管理の地位にある者でなく、る手続により選出された者であって使用者の意向に基づき選出されたものでないこと。☑（チェックボックスに要

令和6年　　　3月　　　7日

使

○○　労働基準監督署長殿

◆チェックがない場合、受理されません。

134

する協定届	労働保険番号									◆労働保険番号・法人番号を記載してください。
		都道府県 / 所掌 / 管轄	基幹番号	枝番号	被一括事業場番号					
	法人番号									

◆労働保険番号・法人番号を記載してください。

事業の所在地（電話番号）	協定の有効期間
（〒 ×××－◇◇◇◇） ○○市△町○○番地 （電話番号： ▽▽ －○○○○－◇◇◇◇）	令和6年4月1日から一年間

◆この協定が有効となる期間を定めてください。1年間が望ましいです。

所定労働時間 （1日） （任意）	延長することができる時間数					
	1日		1箇月（①については45時間まで、②については42時間まで）		1年（①については360時間まで、②については320時間まで） 起算日（年月日）　令和6年4月1日	
	法定労働時間を超える時間数	所定労働時間を超える時間数（任意）	法定労働時間を超える時間数	所定労働時間を超える時間数（任意）	法定労働時間を超える時間数	所定労働時間を超える時間数（任意）
7．5時間	3時間	3．5時間	30時間	40時間	250時間	370時間
7．5時間	2時間	2．5時間	15時間	25時間	150時間	270時間

◆1年間の上限時間を計算する際の起算日を記載してください。

◆360時間が限度となります。

◆45時間が限度となります。

◆労使が合意した時間を記載してください。

所定休日 （任意）	労働させることができる 法定休日の日数	労働させることができる法定休日における始業及び終業の時刻
毎週日曜・祝日・年末年始（シフト表による）	法定休日のうち4週2日	8：30～17：00
同上	法定休日のうち4週2日	同上

◆労使が合意した日数、時刻を記載してください。

時間未満でなければならず、かつ2箇月から6箇月までを平均して80時間を超過しないこと。☑
（チェックボックスに要チェック）

◆チェックがない場合、受理されません。

る者の　職名　看護師
氏名　飯田橋　俊
　　　）

事者である労働者の過半数を代表する者が事業場の全ての労働者の過半数を代表する者であること。☑
（チェックボックスに要チェック）

◆管理監督者は労働者代表にはなれません。

かつ、同法に規定する協定等をする者を選出することを明らかにして実施される投票、挙手等の方法によ
チェック）

用者　職名　医療法人○○会　RIC医院　院長
氏名　文京　芳子

◆協定書を兼ねる場合、使用者、労働者代表の署名又は記名・押印が必要です。

9　医師労働時間短縮計画

（1）時短計画の概要

連携 B・B・C 水準の指定取得を予定している医療機関は、都道府県への申請の際に医師の労働時間を短縮するための計画（以下「時短計画」といいます。）の提出が必要です。

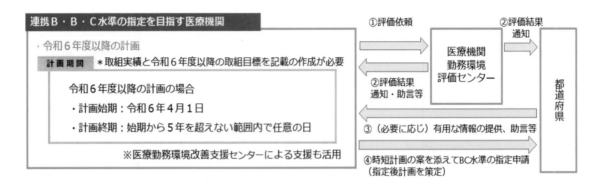

計画の作成に当たっては、各医療機関は、令和 17 年度末での連携 B・B 水準の廃止を前提に、計画的に労働時間短縮の目標を設定することに留意するとともに、計画期間内であっても、「時短計画作成の流れ」のとおり、PDCA サイクルの中で年 1 回、計画の見直しを行うこととされています。

（2）時短計画の流れ

時短計画の作成の際は、医療機関内に働き方改革に関する会議体やチームを設置し、勤務医をはじめとする各職種が参加して、計画の記載内容について議論を行うプロセスが重要です。

医療機関内で働く当事者との十分な協議を通じて、実効性のある計画を作成しましょう。

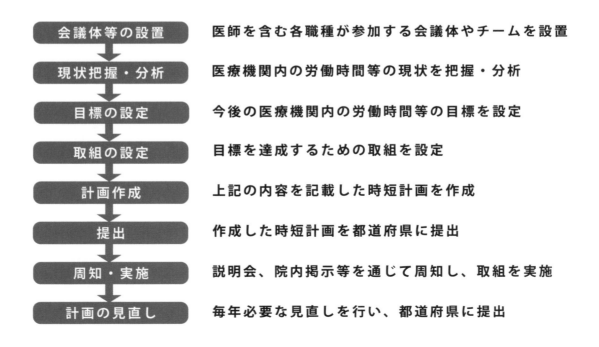

（3）計画の記載内容

　時短計画には、院内の医師の労働時間の現状と目標、目標を達成するための労働時間短縮に向けた取組の内容を記載します。

　なお、各都道府県の医療勤務環境改善支援センターで、作成のサポートを行っています。

主な記載事項

労働時間の目標と現状	労働時間短縮に向けた取組
○年間の時間外・休日労働時間数 　・医療機関内の医師の平均 　・医療機関内の医師の最長 　・年 960 時間を超える医師の人数 　・年 1860 時間を超える医師の人数	○労務管理・健康管理 　（記載例） 　　・労働時間の管理方法 　　・労働と研鑽の区分の明確化 ○院内の業務体制の見直し 　（記載例） 　　・他職種との業務分担 　　・外来やオンコール体制の見直し ○その他の勤務環境改善策 　（記載例） 　　・ICT 機器等の導入促進 　　・仕事と家庭の両立支援

第6章　特定医師の追加的健康確保措置

　特定医師の追加的健康確保措置は、人命を預かるという医療の特性から、やむを得ず、一般の労働者に適用される時間外労働の上限を超えて働かざるを得ない場合に、医師の健康を確保し、医療の質や安全を確保するために、一般の労働者について限度時間を超えて労働させた場合に求められている健康・福祉確保措置（第1編第2章3及び同第7章参照）に加えて講じることが必要とされている措置です。

　追加的健康確保措置には、①勤務間インターバル・代償休息、②面接指導・就業上の措置があります。

　以下は、厚生労働省が示した「医師の働き方改革2024年4月までの手続きガイド」を基に、わかりやすくまとめたものです。

＜追加的健康確保措置＞

	追加的健康確保措置① ・勤務間インターバル ・代償休息	追加的健康確保措置② ・面接指導 ・就業上の措置
A水準の特定医師	・（通常の日勤及び宿日直許可のある宿日直に従事させる場合） 始業から24時間以内に9時間の連続した休息時間を確保 ・（宿日直許可のない宿日直に従事させる場合） 始業から46時間以内に18時間の連続した休息時間を確保 ・上記が実施できなかった場合は代償休息を付与 ←いずれも努力義務	・時間外・休日労働が月100時間以上となることが見込まれる医師への面接指導 （一定の疲労の蓄積が認められなければ、月の時間外・休日労働が100時間以上となった後遅滞なく実施することも可能） ・面接指導結果を踏まえて就業上の措置 （例）当直・連続勤務の禁止・制限、時間外労働の制限、就業日数・時間の制限、休暇の付与など ・月155時間を超えた場合には時間外労働制限等労働時間短縮の具体的措置 ←いずれも義務
B水準・連携B水準の特定医師	・（通常の日勤及び宿日直許可のある宿日直に従事させる場合） 始業から24時間以内に9時間の連続した休息時間を確保 ・（宿日直許可のない宿日直に従事させる場合） 始業から46時間以内に18時間の連続した休息時間を確保 ・上記が実施できなかった場合は代償休息を付与 ←いずれも義務	・時間外・休日労働が月100時間以上となることが見込まれる医師への面接指導 ・面接指導結果を踏まえて就業上の措置 （例）当直・連続勤務の禁止・制限、時間外労働の制限、就業日数・時間の制限、休暇の付与など ・月155時間を超えた場合には時間外労働制限等労働時間短縮の具体的措置 ←いずれも義務

C−1水準・C−2水準の特定医師	・（通常の日勤及び宿日直許可のある宿日直に従事させる場合） 始業から24時間以内に9時間の連続した休息時間を確保 ・（宿日直許可のない宿日直に従事させる場合） 始業から46時間以内に18時間の連続した休息時間を確保 （C−1水準を臨床研修医に適用する場合は、48時間以内に24時間の連続した休息時間を確保） ・上記が実施できなかった場合は代償休息を付与 ←いずれも義務	・時間外・休日労働が月100時間以上となることが見込まれる医師への面接指導 ・面接指導結果を踏まえて就業上の措置 （例）当直・連続勤務の禁止・制限、時間外労働の制限、就業日数・時間の制限、休暇の付与など ・月155時間を超えた場合には時間外労働制限等労働時間短縮の具体的措置 ←いずれも義務

1　勤務間インターバルと代償休息

（1）勤務間インターバル

　　1日の勤務終了後次の始業時刻までの間の、一定時間以上の継続した休息時間（インターバル時間）をいい、これにより、医師の十分な睡眠時間や生活時間を確保しようとするものです。

　　勤務間インターバルの確保は勤務シフトを作成する段階で行います。

　　勤務シフトを作成する際に、勤務間インターバルを次の2つの方法により確保します。

　　①（通常の日勤及び宿日直許可のある宿日直に従事させる場合）

　　　　始業から24時間以内に9時間の連続した休息時間を確保

　　②（宿日直許可のない宿日直に従事させる場合）

　　　　始業から46時間以内に18時間の連続した休息時間を確保

　○　注意点

　　・宿日直許可のある宿日直に連続して9時間以上従事する場合は、9時間の連続した休息時間が確保されたものとみなします。

　　・代償休息を付与することを前提として勤務シフト等を組むことは、原則として認められません。

　　・個人が連続して15時間を超える対応が必要な業務（例：医療機関において、その医師にしか遂行することが困難である手術業務）が予定されている場合は、代償休息の付与を前提とした運用が認められます。ただし、その業務の終了後すぐに代償休息を付与する必要があります。

（2）代償休息

　　勤務間インターバル確保が長時間の手術や急患の対応等によって例外的に実施できなかった場合に、休息が取れなかった時間数について、事後的に代わりの休息を与え、医師の疲労回復を図るものです。

　　予定された9時間又は18時間の連続した休息時間中に、やむを得ない理由により発生した労働（緊急対応）に従事した場合は、その労働時間に相当する時間の代償休息を事後的に付与します。

　　○ 注意点
　　　・代償休息は、翌月末までに付与します。
　　　・宿日直許可のある宿日直に連続して9時間以上従事する場合は、9時間の連続した休息時間が確保されたものとみなされますが、その間に通常の勤務時間と同態様の労働が発生した場合は、代償休息を付与するよう配慮する必要があります。

（3）C－1水準が適用される臨床研修医の勤務間インターバル

　　C－1水準を臨床研修医に適用する場合は、以下の勤務間インターバルのルールに沿って、勤務シフトを組むようにします。
　　　①（通常の日勤及び宿日直許可のある宿日直に従事させる場合）
　　　　始業から24時間以内に9時間の連続した休息時間を確保
　　　②（臨床研修における必要性から、指導医の勤務に合わせた24時間の連続勤務時間とする必要がある場合）
　　　　始業から48時間以内に24時間の連続した休息時間を確保

　　＊ 代償休息が発生しないように、勤務間インターバルの確保を徹底することが原則です。ただし、次のア～ウを要件として代償休息の付与が認められています。
　　　ア オンコール又は宿日直許可のある宿日直への従事が必要な場合に限る。
　　　イ 臨床研修医の募集時に代償休息を付与する形式での研修を実施する旨を明示する。
　　　ウ 代償休息の付与期限は原則として必要性が生じた診療科の研修期間の末日又は翌月末までのいずれか早い日までの間に付与する。

　　○ 注意点
　　　・C－1水準が適用されている臨床研修医が、宿日直許可のある宿日直に連続して9時間以上従事する場合は、9時間の連続した休息時間が確保されたものとみなされますが、その間に通常の勤務時間と同態様の労働が発生した場合は、代償休息を付与する必要があります。

（4）副業・兼業を行う医師の勤務間インターバル

　　複数の医療機関に勤務する医師に係る勤務間インターバルについては、医師の自己申告等により把握した副業、兼業先の労働も含めて事前にこれらを遵守できる勤務計

画（勤務シフト）を組むことにより対応することが必要です。

　勤務間インターバルを遵守できない場合には、医師の健康を確保するため、代償休息が義務づけられます。どちらの医療機関で代償休息を取得させるかについては、雇用形態を踏まえ、原則各医療機関間で調整してください。

　副業、兼業先も含めた勤務間インターバルの遵守状況については、医師本人が管理を行った上で、医療機関に対して報告し、医療機関は、医師からの報告をもとに、未消化の代償休息がある場合には翌月末までに付与できるよう勤務計画を組み直す等の対応を行ってください。

2　長時間労働医師への面接指導

（1）面接指導の実施

　安衛法に定められている面接指導（第1編第7章）とは別に、医師の時間外労働の上限とされる「月100時間未満」を超える場合の要件として必要とされるものであり、時間外・休日労働が月100時間以上となることが見込まれる医師に対して、睡眠及び疲労の状況等を確認した上で、時間外・休日労働が月100時間に達するまでの間に面接指導を実施するものです。

　面接指導の結果を踏まえ、必要に応じて、労働時間の短縮、宿直回数の減少などの就業上の措置を講じる必要があります。（次頁（6）参照）

（2）面接指導に関する医療機関管理者の義務

　医療法に基づき、医療機関の管理者（病院長・施設長等）には、以下が義務付けられています。

・面接指導対象医師に対し、面接指導を実施すること
・面接指導実施医師＊に、面接指導に必要な情報を提供すること
・面接指導実施後、健康確保措置についての面接指導実施医師の意見を聞くこと
・必要なときは、面接指導対象医師の健康確保のため、労働時間の短縮、宿直の回数の減少、その他の適切な措置を行うこと
・面接指導、面接指導実施医師の意見、健康確保措置の内容を記録、保存すること等
　＊「面接指導実施医師」は、以下の要件を満たす者であることが必要です。
　　・面接指導対象医師が勤務する病院又は診療所の管理者でないこと
　　・「面接指導実施医師養成講習会」の受講を修了していること

（3）面接指導の対象者（面接指導対象医師）

　　　・時間外・休日労働が月 100 時間以上となることが見込まれる医師が対象です。

　　　・Ａ～Ｃのどの水準が適用されるかにかかわらず対象になります。

　　　・対象者が面接指導を希望しているかどうかにかかわらず実施する必要があります。

　　　・対象者には、面接指導を受ける義務があります。

（4）面接指導で確認すべき事項

　　　面接指導実施医師は、医療機関の管理者から情報提供を受け、面接指導対象医師に対する面接指導を実施し、以下の事項を確認してください。

　　　（情報提供事項）

　　　　　・面接指導対象医師の氏名

　　　　　・面接指導対象医師の勤務の状況・睡眠の状況・疲労の蓄積の状況・その他心身の状況

　　　（確認事項）

　　　　　・勤務の状況（労働時間や労働時間以外で留意すべき事項があるか）

　　　　　・睡眠の状況（睡眠評価表等により確認）

　　　　　・疲労の蓄積の状況（労働者の疲労蓄積度自己診断チェックリスト等により確認*）

　　　　　・心身の状況

　　　　　＊「長時間労働医師への健康確保措置に関するマニュアル（改訂版）」（令和 4 年度）参照

（5）面接指導の実施時期

　　　面接指導は、月の時間外・休日労働時間が 100 時間以上となる前に実施する必要があります。

　　　なお、Ａ水準の特定医師は、一定の疲労の蓄積が認められなければ、月の時間外・休日労働が 100 時間以上となった後遅滞なく実施することも可能です。

　　　前月において、時間外・休日労働時間が 80 時間を超えた医師については、当月の時間外・休日労働時間が 100 時間以上となる可能性が高いため、あらかじめ面接指導の実施時期を決めておく等の対応が推奨されます。

（6）管理者による就業上の措置

　　　管理者は、面接指導実施医師の意見を勘案し、必要に応じて、労働時間の短縮、宿直回数の減少などの就業上の措置を講じる必要があります。

　　　就業上の措置は、面接指導を受けた医師の健康状態に応じて面接指導実施医師の意見書に基づいて実施されるもので、以下のような例が想定されます。

　　　（例）・当直・連続勤務の禁止・制限

　　　　　　・時間外労働の制限

　　　　　　・就業日数・時間の制限

　　　　　　・就業内容・場所の変更

　　　　　　・休暇の付与

また、管理者は、面接指導対象医師について、労働時間の状況が特に長時間であるものとして月の時間外・休日労働が 155 時間を超えた場合は、遅滞なく、労働時間の短縮のために必要な措置を講じなければなりません。

（7）副業・兼業を行う医師の面接指導

　医師が他の医療機関で副業・兼業を行った場合、労働時間を通算し、1 か月の時間外・休日労働が 100 時間以上となることが見込まれる場合には、副業・兼業先の医療機関にも、面接指導の実施の義務が生じます。

　月の労働時間を踏まえた面接指導の時期が遅れないよう、どの医療機関が実際に面接指導を実施するのかについて、医療機関間で事前に話合いを行うことが望ましいです。各医療機関において、副業・兼業を行う医師が、どの勤務先で面接を受けるかを整理し、最終的には、医師本人の選択に基づいて決定していく必要があります。

　この章の詳細については、「長時間労働医師への健康確保措置に関するマニュアル（改訂版）」（令和 4 年度）を参考にしてください。

〔 参 考 資 料 〕

○医師の時間外労働規制について

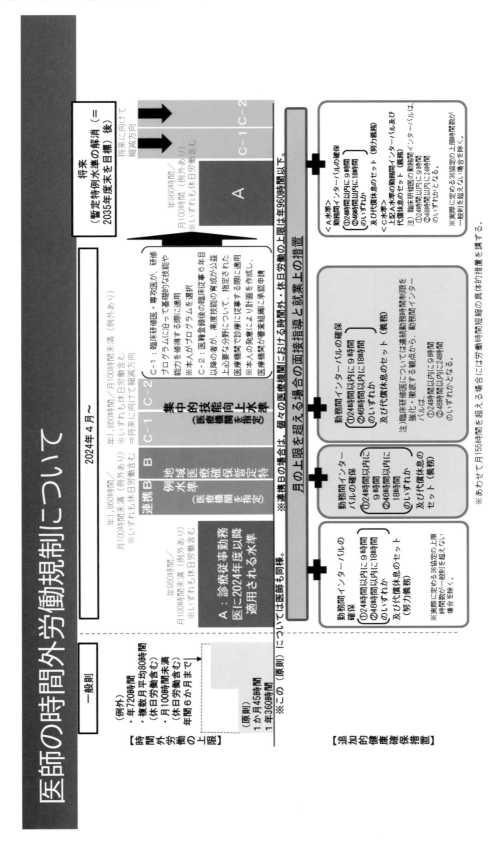

（長時間労働医師への健康確保措置に関するマニュアル（改訂版）から抜粋）

○（A）・（B）の上限水準に極めて近い働き方のイメージ

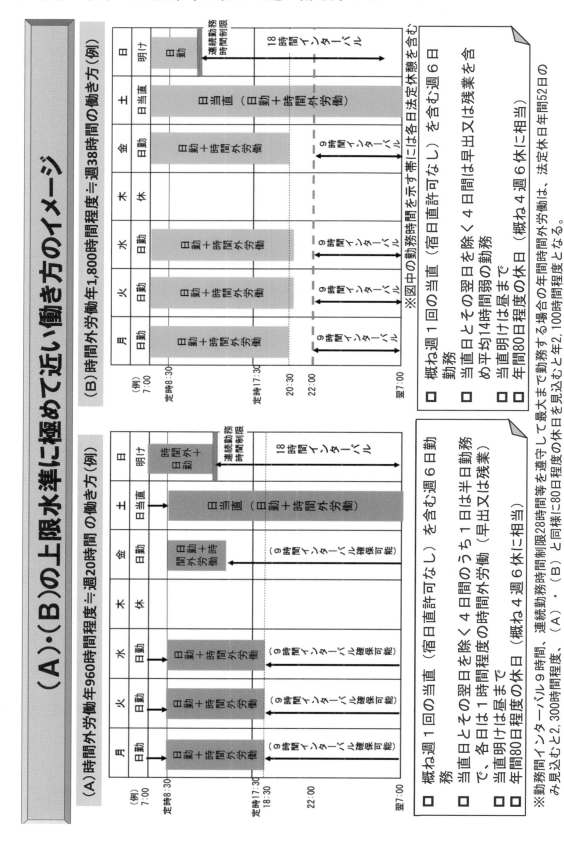

（2020年12月14日「医師の働き方改革の推進に関する検討会」中間とりまとめの参考資料から）

○医師の労働時間関係法令（令和6年4月施行）の概要

対象となる医師：特定医師【病院若しくは診療所において勤務する医師（医療を受ける者に対する診療を直接の目的とする業務を行わない者を除く。）又は介護老人保健施設若しくは介護医療院において勤務する医師】（労基法第141①、則69の2）

読替省令：医療法第百二十八条の規定により読み替えて適用する労働基準法第百四十一条第二項の厚生労働省令で定める時間等を定める省令

区分	一般労働者	特定医師（A）	特定地域医療提供機関（B）、連携特定地域医療提供機関（C-1）、技能向上集中研修機関（B）、特定高度技能研修機関（C-2）の特定医師
36協定事項	一　労働者の範囲 二　対象期間 三　時間外労働・休日労働させることができる場合 四　対象期間における一日、一箇月及び一年のそれぞれの期間について時間外労働させ又は休日労働させる時間又は休日労働させる日数 五　厚生労働省令で定める事項 （有効期間、1年の起算日、複数月平均80時間、1月100時間未満の要件を満たすこと、限度時間超で労働させる場合、限度超の割増賃金、限度超の場合の健康・福祉確保措置、限度超の場合の手続）【労基法36②・労基則17①】	一～三　（一般労働者と同じ） 四　対象期間における一日、一箇月外・休日について時間外労働時間数又は休日労働日数 五　厚生労働省令で定める事項（一般労働者の36協定事項（一部読替あり）に加えて次の追加協定事項） ①対象期間における一日、一箇月及び一年のそれぞれの期間について時間外・休日について時間数又は休日労働させる日数 ②一箇月について時間外・休日労働時間数が100時間以上となることが見込まれる特定医師に対して面接指導を行わせること。 ③面接指導を行った医師の意見を聴かせること。当該面接指導を行った医師の意見を聴くこと、遅滞なく、その必要な措置を講じさせること。 ④面接指導の結果に基づき、必要な措置につき、遅滞なく、その必要があると認めるときは、当該面接指導を受けた特定医師の実情を考慮して、労働時間の短縮、宿直の回数の減少その他の適切な措置を講じ、一箇月について時間外・休日について時間数が一箇月について時間外・休日労働時間が1箇月155時間超（※1箇月155時間超）での長時間に及ぶ特定医師に対して労働時間の短縮のために必要な措置を講じさせること。【労基法141①・労基則69の3②、医療法108⑥・医療則170①】 ※一箇月について時間外・休日について時間数が100時間以上となることが見込まれない場合は②から④の事項、155時間超の事項は⑤の事項は協定しないことが可能【労基則69の3④】	◎上記事項に加え次の追加協定事項が必要 ⑥管理者に医療法第百二十三条第一項及び第二項の規定により、休息時間を確保させること。【読替省令2】
労働時間規制	◎限度時間 ・1箇月45時間、1年360時間（3か月超の変形制：1箇月42時間、1年320時間）【労基法36④】 ◎特別条項の場合の限度時間 ・1箇月100時間未満、1年720時間、1箇月45時間（3か月超の変形制42時間）を超える月数は1年で6箇月【労基法36⑤】 ◎上限時間 ・1箇月100時間未満 ・2～6か月平均1箇月当たり80時間【労基法36⑥】	◎限度時間並びに労働者の健康及び福祉を勘案して厚生労働省令で定める時間（一般労働者の限度時間に同じ） ◎特別条項の場合の限度時間 ・1箇月100時間未満、1年960時間 ・36協定に面接指導等の措置（追加協定事項②～④）を定めた場合は1年960時間【労基法141②・労基則69の4】 ◎上限時間 ・1箇月100時間未満、1年960時間 ・36協定の面接指導が行われ、労働時間短縮、宿直回数減少等の措置が講じられた場合には1年960時間【労基法141③・労基則69の5】	◎限度時間（特定医師）【労基法141①・労基則69の3⑤】 ◎特別地域医療提供機関・技能向上集中研修機関・特定高度技能研修機関 《特定地域医療提供機関》 ①1箇月100時間未満、1年1860時間 ②36協定に面接指導等の措置（追加協定事項②～④）を定めた場合は1年1860時間【労基法141②・読替省令1】 《連携特定地域医療提供機関》特定医師（A）に同じ ◎上限時間 ①1箇月100時間未満、1年1860時間 ②36協定の面接指導が行われ、労働時間短縮、宿直回数の減少等の措置を講じた場合には1860時間【労基法141③・読替省令2】

○厚生労働省の「医師の働き方改革」関係資料の検索方法

　厚生労働省では、「医師の働き方改革」に関する特設サイトや医療従事者の勤務環境改善に関する情報を提供する「いきいき働く医療機関サポートＷｅｂ」を開設しているほか、働き方改革の取り組みに役立つガイドラインや指針などについて、ホームページで公開しています。以下に、これらの情報の検索方法をご案内します。

○　厚生労働省ホームページのＵＲＬ

　一般の検索エンジンで、「厚生労働省ホームページ」と検索してください。

○　「医師の働き方改革」特設サイト

　このサイトでは、医師の働き方改革関連制度についての情報や主に医療機関などで配布していただくリーフレットなどの広報物を公開しています。

　厚生労働省ホームページのサイト内検索で「医師の働き方改革特設サイト」と検索してください。

○「いきいき働く医療機関サポートＷｅｂ」（いきサポ）

　このサイトでは、医療機関の管理者などを対象に、国や都道府県などによる施策や事業などの紹介、医療機関の取組事例の紹介など、医療従事者の勤務環境の改善に役立つ情報を提供しています。

　厚生労働省ホームページのサイト内検索で「いきサポ」と検索してください。

○　医師労働時間短縮計画作成ガイドライン

　医師の労働時間の短縮を計画的に進めていく上で、計画の作成に当たって参考となるものとして、記載事項や作成の流れなどに関してまとめられています。

　厚生労働省ホームページのサイト内検索で「医師労働時間短縮計画作成ガイドライン」と検索してください。

○　医師の労働時間短縮等に関する指針

　この指針は、医師の労働時間短縮等に関する基本的な考え方、医師の時間外労働短縮目標ライン及び各関係者が取り組むべき事項等が示されています。

　厚生労働省ホームページのサイト内検索で「医師の労働時間短縮等に関する指針」と検索してください。

〇 **労働基準法施行規則の一部を改正する省令等の公布・施行通達**
　　・労働基準法施行規則の一部を改正する省令等の公布等について
　　　　　　　　　　　　（令和4年1月19日付　基発0119第9号）
　　・労働基準法施行規則の一部を改正する省令等の施行について
　　　　　　　　　　　　（令和4年12月26日付　基発1226第7号）
　　上記は、医業に従事する医師に関する時間外・休日労働の上限時間等
の定めに関する行政通達です。
　　厚生労働省の「いきサポ」のサイト内検索で「基発0119第9号」又は「基
発1226第7号」と検索してください。

〇 **「医師の研鑽に係る労働時間の考え方について」（令和元年7月1日付**
基発0701第9号厚生労働省労働基準局長通知）
　　医師の研鑽に係る労働時間の考え方についての行政通達です。
　　「いきサポ」のサイト内検索で「基発0701第9号」と検索してください。

〇 **「医師、看護師等の宿日直許可基準について」（令和元年7月1日付基**
発0701第8号厚生労働省労働基準局長通知）
　　医師、看護師等の宿日直許可基準に関する行政通達です。
　　「いきサポ」のサイト内検索で「基発0701第8号」と検索してください。

〇 **「副業・兼業の促進に関するガイドライン」**
　　このガイドラインは、副業・兼業の場合における労働時間管理や健康
管理等について示したものです。
　　厚生労働省ホームページのサイト内検索で「副業・兼業の促進に関す
るガイドライン　令和4年7月8日改訂版」と検索してください。

〇 **医師の働き方改革に伴う時間外・休日労働に関する協定届（３６協定）**
　　医師の時間外・休日労働の上限規制の適用に伴う、令和6年4月以降
の医療機関に係る３６協定の様式です。
　　厚生労働省ホームページのサイト内検索で「医師の働き方改革に伴う
時間外・休日労働に関する協定届」と検索してください。

〇 **「長時間労働医師への健康確保措置に関するマニュアル（改訂版）」**
　　厚生労働省ホームページのサイト内検索で「長時間労働医師への健康
確保措置に関するマニュアル　改訂版」と検索してください。

医療現場の働き方改革

令和4年1月25日　初版第1刷発行

令和5年8月18日　初版第2刷発行

令和6年3月29日　改訂版発行

発行人　荻原　俊輔

発行所　公益財団法人　労災保険情報センター

　　　　〒112-0004　東京都文京区後楽1丁目4番25号

　　　　　　電話　　03-5684-5511（代表）

　　　　　　ＦＡＸ　03-5684-5522

　　　　　　ホームページ　https://www.rousai-ric.or.jp

　　　　　　ISBN978-4-903286-92-1　C2032　¥2037E

落丁・乱丁本はお取替えいたします。